David Stiebel

Die Taktik des Streitens

David Stiebel

Die Taktik des Streitens
Konfliktstrategie statt Harmoniesucht

Aus dem Amerikanischen
von Gabriele Herbst

Wolfgang Krüger Verlag

Die amerikanische Originalausgabe erschien 1997
unter dem Titel ›When Talking Makes Things Worse‹
im Verlag Whitehall & Nolton, Northaven
© David Stiebel 1997
Deutsche Ausgabe:
© 1999 Wolfgang Krüger Verlag, Frankfurt am Main
Gesamtherstellung: Clausen & Bosse, Leck
Printed in Germany 1999
ISBN 3-8105-1908-1

Für Naomi, Alice, Rich, Fay und Jonathan

Inhalt

Die Kernpunkte in Kürze
Die vier Schritte der strategischen Kommunikation

Vorwort

»Wir haben hier offensichtlich ein Kommunikationsproblem«

Diese Platitüde haben wir so oft gehört, daß sie sich tief in unser Denken eingegraben hat und wir sie ernsthaft glauben. Wir meinen, wenn wir einander nur besser verstünden, würden unsere Probleme sich auflösen. Probleme zu Hause und am Arbeitsplatz. Eheprobleme oder Fusionsprobleme.

Welch Ironie. Denn zunächst einmal stimmt dieses Klischee von vornherein nicht.

Es stammt aus dem Film *Der Unbeugsame*. Ein Gefangener, gespielt von Paul Newman, hat versucht, aus einem Gefangenenlager auszubrechen. Zur Strafe wird er vor den Augen aller anderen Insassen in Ketten gelegt. Der Kommandant des Straflagers faßt die Ketten ins Auge und sagt: »Die sollen dich daran erinnern, was ich zu deinem eigenen Besten gesagt habe.«

Paul Newman erwidert: »Wenn Sie nur nicht so gut zu mir wären, Captain.«

Der Kommandant explodiert: »Wage es nicht, noch mal so mit mir zu reden!« Und er versetzt Paul Newman einen solchen Hieb mit seinem Totschläger, daß dieser einen Abhang hinunterrollt. Der Kommandant, verkörpert von Strother Martin, erklärt den anderen Gefangenen: »Wir haben hier offensichtlich ein Kommunikationsproblem!«

Ja, ganz recht. Sie verstehen einander. Sie wissen, daß jeder von ihnen entschlossen ist, das zu tun, was er will. Sie wissen, daß sie ihre Willenskraft miteinander messen. Paul Newman bricht erneut aus. Und der Kommandant prügelt ihn wieder. Und wieder. Und wieder. Und er droht, Paul Newman zu töten, falls dieser ein drittes Mal fliehen sollte. Und genau das tut Paul Newman. An dieser Stelle hören wir den berühmten Satz zum letzten Mal. Paul Newman sitzt in einer Scheune in der Falle, öffnet die Tür, schaut auf all die Polizisten ringsum, lacht in sich hinein; dann grinst er und ruft dem Kommandanten zu: »Wir haben hier offensichtlich ... ein Kommunikationsproblem!« Eine Kugel trifft ihn, und er ist tot.

Ein Kommunikationsproblem? Hier liegt genausowenig ein Kommunikationsproblem vor wie bei den vielfältigen Reibereien im Alltag. Trotzdem ist dieser Satz – »Wir haben hier offensichtlich ein Kommunikationsproblem« – hängengeblieben und zu einem Aphorismus geworden. Mehr als das – zu einer etablierten Weisheit. Wir wenden eine Textzeile, die selbst im Film nicht wörtlich genommen wurde, allen Ernstes auf Probleme im wirklichen Leben an. Was wir hier *wirklich* haben, ist jede Menge Gerede, das alles nur schlimmer macht.

Dieses Buch will der Weisheit, daß wir »hier offensichtlich ein Kommunikationsproblem« haben, ein für allemal den Garaus machen. Es zeigt Ihnen eine bessere Methode, um Probleme zu lösen.

Überblick

Reden Sie nicht einfach drauflos!

Wir kennen alle einen Königsweg, um mit anderen zurechtzukommen und Probleme zu lösen: Kommunikation. Stimmt's?

Wir sagen: »Reden wir doch darüber.«

Wir denken: »Solange wir miteinander reden, besteht Hoffnung.«

Dabei spielt es keine Rolle, ob Sie ein Problem mit Ihrer Frau, Ihrem Chef, Ihrem Kunden, Ihrem Vermieter, Ihrem Kollegen oder Ihrem Kind haben. Die allgemeine Überzeugung lautet, man müsse nur zuhören und seine Meinung offen und ehrlich kundtun, dann läßt sich *jedes* Problem lösen.

Verlassen Sie sich nicht darauf. Wenn Menschen ihre wahren Gefühle, Meinungen und Interessen äußern, so bringt sie das einander nicht immer näher. Häufig geschieht sogar genau das Gegenteil. Klarstellungen können einen noch größeren Keil zwischen Menschen treiben.

Was entscheidet darüber, ob miteinander Reden Erfolg hat oder ins Auge geht?

Strategie.

Und davon handelt dieses Buch.

Einfach ausgedrückt, ist eine Strategie eine Methode, um ein Ziel zu erreichen. Es gibt alle möglichen Strategien – effektive und ineffektive, manipulative und kooperative.

In diesem Buch geht es jedoch *nicht* darum, manipulative oder ausbeuterische Strategien für selbstsüchtige Zwecke zu entwickeln. Es geht darum, Strategien zu entwickeln, die andere dazu bringen, mit Ihnen zusammenzuarbeiten und ein Problem zu lösen. Möglicherweise glauben Sie, eine solche Strategie auszuarbeiten erfordere viel Zeit. Und häufig haben Sie keine Zeit. Ihnen bleiben zehn Minuten vor einer wichtigen Besprechung. Sie sind gezwungen, jetzt und hier strategisch zu denken. In der Realität müssen Sie sich *in diesem Augenblick* die richtige Strategie ausdenken, um das zu bekommen, was Sie wollen. Dabei hilft Ihnen dieses Buch. Es zeigt Ihnen eine simple, systematische Methode, strategisch zu denken. Wenn Sie sich in dieser Methode üben, können Sie nicht nur Ihre Spielzüge im voraus planen, sondern sich auch darauf trimmen, in der Situation selbst zu überlegen, wie Sie jemanden zum Einlenken bewegen.

Inmitten verfahrener, frustrierender Situationen strategisch zu denken ist eine Herausforderung. Häufig kommen Ihnen die guten Ideen erst nach einem Disput. Stunden später denken Sie: »Wenn ich nur das gesagt hätte! Wenn mir das nur gleich eingefallen wäre!« Bei einigen wenigen Menschen dagegen hat es den Anschein, als wüßten sie stets das Steuer herumzureißen und eine Auseinandersetzung zu entschärfen. Sie haben den Bogen raus. Doch das kann man lernen wie jede andere Fertigkeit auch.

Die vier strategischen Schritte

Dieses Buch führt Sie ein in die Methode der *strategischen Kommunikation*. Mit strategischer Kommunikation können Sie eine Situation rasch analysieren und entscheiden, was zu tun ist. Sie können einen Problemlösungsansatz entwickeln, der genau auf die jeweilige Situation zugeschnitten ist. In jedem Fall müssen Sie vier grundlegende strategische Elemente berücksichtigen: Problem, Ziel, Methode und Ergebnis. Jeder Schritt der strategischen Kommunikation stellt eines dieser vier Elemente in den Mittelpunkt und sagt Ihnen, wie Sie es anpacken sollen.

1. Das Problem: *Stellen Sie fest, ob ein Mißverständnis oder eine echte Meinungsverschiedenheit vorliegt.*
2. Das Ziel: *Planen Sie den nächsten Zug des anderen voraus.*
3. Die Methode: *Nutzen Sie die Ansichten des anderen, um ihn zu überzeugen.*
4. Das Ergebnis: *Sagen Sie die Reaktion des anderen vorher.*

Mit Hilfe dieser vier strategischen Schritte vermeiden Sie verbreitete und verborgene Fallen, in denen Kommunikation nichts nützt.

1. Stellen Sie fest, ob ein Mißverständnis oder eine echte Meinungsverschiedenheit vorliegt. Dieser Schritt bewahrt Sie vor einer schlimmen Falle – sich auf *das falsche Problem* zu stürzen.

   Ein *Mißverständnis* liegt vor, wenn Sie einander nicht richtig verstehen. Eine *echte Meinungsverschiedenheit* liegt vor, wenn Sie keine Übereinstimmung erzielen können, obwohl Sie sich ganz genau verstehen.

Bei einem Mißverständnis ist die Lösung simpel: Sie räumen es aus, und das Problem verschwindet. Bei einer echten Meinungsverschiedenheit brauchen Sie eine Strategie, um die Gegenseite zu überzeugen.

2. Planen Sie den nächsten Schritt des anderen voraus. Angenommen, Sie haben eine echte Meinungsverschiedenheit mit Sally, Ihrer langjährigen Freundin und Geschäftspartnerin. Es geht um die Rückzahlung von 5000 Dollar, die Sie Ihr geliehen haben.

Nun stellen Sie sich vielleicht als erstes die Frage: »Was soll ich tun?« Wenn Sie aber wirklich Einfluß auf sie ausüben wollen, sollten Sie die Frage so formulieren: »Was möchte ich, daß *sie* tut?«

Viele Bücher zum Thema richtiges Verhandeln schlagen Ihnen vor, Sally an ihre *äußerste Grenze* zu treiben – das, was sie *letzten Endes* für Sie zu tun bereit wäre. Es ist aber sehr viel nützlicher, Sallys *unmittelbare Grenze* anzuvisieren – das, was sie *im jetzigen Augenblick* für Sie zu tun willens und imstande ist.

Letzten Endes gibt Sie Ihnen vielleicht die 5000 Dollar zurück. Aber im Augenblick? Unter Umständen ist Sallys größtes Zugeständnis, daß sie sich bereit erklärt, ihre Finanzen zu überprüfen und sich dann wieder mit Ihnen zusammenzusetzen. Wenn Sie eine endgültige Regelung erreichen möchten, sollten Sie die Gegenseite dazu bringen, immer einen realistischen Schritt nach dem anderen zu tun.

3. Nutzen Sie die Ansichten des anderen, um ihn zu überzeugen. Um Sally zum Einlenken zu bewegen, müssen Sie ihr erklären, warum sie im Unrecht ist und Ihrem Wunsch nachkommen sollte. Sie müssen sie also von

ihren Einstellungen und Überzeugungen abbringen ...
richtig?

Falsch. Damit schlagen Sie den steinigen Pfad ein.

Statt gegen Sallys Vorstellungen anzukämpfen, sollten
Sie sie zu dem Angelpunkt machen, an dem Sie Ihren
Hebel ansetzen. *Menschen finden immer ihre eigenen An-
sichten am überzeugendsten.* Ob Sie Sally nun mit harten
Bandagen oder mit Samthandschuhen anpacken, gehen
Sie von *ihrem* Standpunkt aus und nutzen Sie taktvoll
ihre eigenen Ansichten, um sie dazu zu bewegen, das
zu tun, was Sie wollen.

4. Sagen Sie die Reaktion des anderen vorher. Nur allzu
leicht »rastet« man bei einer Auseinandersetzung emotional »aus«. Viele emotionale Fallen sind jedoch vor-
hersehbar. Um einer Falle auszuweichen, bevor die
Sache eskaliert, müssen Sie voraussehen, wie Sally auf
Ihren nächsten Schachzug *wahrscheinlich* reagieren wird.
Es ist ein schwerer Fehler, sich auf das zu versteifen, was
Sie von ihr *wollen.* Dieses Buch weist Ihnen einen Weg,
die Reaktion anderer richtig vorherzusagen. Danach
können Sie entscheiden, ob Sie Ihren ursprünglich be-
absichtigten Ansatz weiterverfolgen oder sich einen anderen ausdenken.

Was hilft Ihnen mehr?

Landläufige Weisheiten:	Strategische Kommunikation:
Hören Sie zu und erklären Sie, dann läßt sich *jedes* Problem lösen.	Stellen Sie fest, ob ein Mißverständnis oder eine echte Meinungsverschiedenheit vorliegt.

Entscheiden Sie, was *Sie* tun wollen, um das Gewünschte zu bekommen.	Planen Sie den nächsten-Schritt des anderen voraus.
Erklären Sie, warum die anderen im Unrecht sind, und widerlegen Sie ihre Überzeugungen.	Nutzen Sie deren eigene Anschauungen, um sie zu überzeugen.
Wenn Sie herausgefunden haben, was zu tun ist, dann *tun Sie es einfach*!	Sagen Sie die Reaktion des anderen vorher.

Der Aufbau dieses Buches

Das nächste Kapitel, *Der Mächtige Mythos der Heimlichen Harmonie*, zeigt zunächst, daß und wie der Versuch, besseres Verständnis herzustellen, Probleme verschlimmert. Dann befassen wir uns mit dem alternativen Ansatz – der Methode der strategischen Kommunikation. In vier Kapiteln erläutere ich die Anwendung der vier Schritte. Jedes Kapitel behandelt einen Schritt und illustriert ihn mit Beispielen aus dem Alltag.

Wenn Sie mit der strategischen Kommunikation beginnen, werden Sie mit Sicherheit Fragen haben. Deshalb gibt Ihnen ein Kapitel Antworten.

Das Schlußkapitel zeigt alle vier strategischen Schritte gemeinsam in Aktion. Sie werden sehen, wie Sie sie einsetzen können, um sich vor einer Interaktion rasch einen Plan zurechtzulegen. Sie werden sehen, wie man die strategischen Schritte in der Situation selbst umsetzt, und ich erkläre Zweck und Ziel eines jeden Schritts.

Am Ende eines jeden Kapitels finden Sie eine Zusammenfassung der wichtigsten Punkte für die praktische Anwendung der jeweils dargestellten Ideen.

Und wenn mein Verhandlungspartner diese Methode ebenfalls anwendet?

Dann wären Sie gut dran. Ich *hoffe*, daß Sie das Glück haben, auf ein Gegenüber zu treffen, das konstruktiv nach Wegen sucht, um das Problem mit Ihnen zu lösen. Nur allzuoft tut die andere Person dies nämlich nicht. Sie läßt sich hinreißen von ihren Gefühlen und ist versessen darauf, Ihnen eins auszuwischen, manchmal sogar, Sie zu unterwerfen oder auszutricksen.

Wie kommen Sie zum Erfolg, wenn die Gegenseite ebenfalls strategische Kommunikation einsetzt? Die Antwort lautet: sehr viel leichter. Wenn beide systematisch darauf abzielen, die Sache auf die Reihe zu kriegen, kommen Sie schneller voran.

Dieses Buch soll Ihnen den Umgang auch mit den schwierigsten Menschen erleichtern, selbst dann, wenn jemand sich gänzlich stur stellt und weder wankt noch weicht. Falls jedoch Ihr Gegenüber kooperationsbereit ist und strategisch denkt, um so besser. Geben Sie ihm dieses Buch. Auch wenn er Ihr Feind ist? *Vor allem* dann. Das Problem wird sich leichter lösen lassen, wenn Sie nicht die einzige sind, die eben dies versucht. Wenn Sie die Gegenseite an strategische Kommunikation heranführen, mindern Sie das Risiko eines Patts.

Unabhängig davon, ob sich die andere Seite kooperationswillig zeigt, sollten Sie von sich aus strategische Kommunikation einsetzen. Sie können zu dieser Methode greifen, ob die Gegenseite es tut oder nicht.

Strategische Kommunikation ist praxiserprobt

Die in diesem Buch vorgestellte Methode habe ich aus meiner praktischen Arbeit heraus entwickelt; ich war als Verhandlungstrainer in Unternehmen und staatlichen Behörden tätig und habe an der Universität von Kalifornien in Berkeley unterrichtet. Gemeinsam haben wir mit Hilfe der strategischen Kommunikation eine breite Palette von privaten und beruflichen Problemen gelöst; Schwierigkeiten mit Ehepartnern, Vorgesetzten, Bürokraten, Nachbarn, Angestellten, Vermietern, Mietern, Kunden, Drogendealern, Exknackis und Teenagern.

Die Prinzipien, die Sie gleich kennenlernen, wurden über die Jahre hinweg mit Tausenden von Personen praktisch getestet, etwa mit Abteilungsleitern, Firmenchefs, ausländischen Managern, Anwälten, Kindern, Bundesbeamten, Politikern auf Landes- und Lokalebene, Richtern, Gewerkschaftsvertretern, Versicherungsgutachtern, Verkaufspersonal und Geschäftsleuten aus den unterschiedlichsten Branchen, angefangen bei Finanzdienstleistungen bis hin zum Transportwesen.

Strategische Kommunikation nutzt dem Geschäftsführer einer Firma, die in einem Übernahmekampf bestehen muß, dem Schlichter, der einen Streik abwenden will, dem Polizeibeamten, der eine Konfrontation im Keim ersticken möchte, oder dem Paar, das sich streitet, in welchem Restaurant es essen möchte.

Jede und jeder kann diese Methode nutzen.

Warum sich Konflikte zuspitzen

Der Mächtige Mythos der Heimlichen Harmonie

Wir haben es alle schon erlebt: Man redet und redet – und erreicht nichts, als sich fast die Köpfe einzuschlagen. Kommunikation, eben das Instrument, das die Situation verbessern soll, läßt uns nicht nur im Stich, sondern macht alles oft noch *schlimmer*. Dieses Kapitel erklärt, warum.

Nicht viele Menschen sind es gewohnt, sich strategisch zu verhalten. Eine Studie des National Institute for Dispute Resolution kommt zu folgender Zahl: 2 %.

So viele Amerikaner geben an *nachzudenken*, bevor sie bei einer Auseinandersetzung antworten. Kein Wunder, daß Reden alles schlimmer macht. Wir reden drauflos, ohne einen besseren Plan im Kopf, als rundheraus unsere Meinung zu sagen. Warum tun wir das?

Wir wissen es vielleicht nicht, aber viele vertrauen auf einen ganz grundlegenden Glauben, den ich als den Mächtigen Mythos der Heimlichen Harmonie bezeichne: *Ganz tief drinnen sind wir uns alle einig. Wir müssen einander nur besser verstehen*. Die Annahme: *Es gibt keine Konflikte, nur mangelndes Verständnis*. Diese Sicht der menschlichen Natur hört sich verführerisch an, weil sie so optimistisch ist: Ein dickköpfiger Mensch ist nur nicht gut genug informiert; es besteht also Hoffnung! Sie brauchen nur dafür zu sorgen, daß ihm ein Licht aufgeht, und das Problem läßt sich aus der Welt schaffen. Zweifellos haben Sie schon Situationen erlebt, in denen dies zutrifft. Doch der Mächtige Mythos der Heimlichen Harmonie verallgemeinert unzulässig. Er unterstellt, daß sich durch zwei Schritte *jedes* Problem beseitigen ließe:

1. *Hören Sie unvoreingenommen zu.* In manchen Fällen ist dieser Ratschlag schlichtweg absurd. Mein Lieblingsbeispiel für diese Maxime ist eine Bekannte, die mir allen Ernstes erklärte: »Ich bin sicher, es gibt einen logischen Grund dafür, daß mich mein Freund seit fünf Wochen nicht angerufen hat. Wenn ich den erst verstanden habe, kann ich auch sicher sein, daß unsere Beziehung in Ordnung ist.« (Sie war es natürlich nicht.)
2. *Sagen Sie klipp und klar, was Sie denken.* Auch dieser Rat ist nicht immer hilfreich. Stellen Sie sich vor, was Sie empfänden, wenn Ihr Chef Ihnen klipp und klar erklären würde: »Ich weiß, daß Sie seit fünf Jahren hier arbeiten und daß Linda gerade erst angefangen hat. Ich befördere aber Linda statt Ihrer, weil sie bessere Arbeit leistet. Das verstehen Sie sicher ... deshalb glaube ich zuversichtlich, daß Ihnen das nichts ausmacht. Richtig?« Falsch.

Der Mächtige Mythos der Heimlichen Harmonie hat drei Grundregeln. Menschen, die über irgend etwas uneins sind, sollten:
• ehrlich über ihre Meinungen diskutieren,
• ihre wahren Interessen offenlegen und
• ihre wahren Gefühle äußern.
Das klingt vernünftig. Gewiß ist es gut, ehrlich zu sein. Und wenn wir unsere impliziten Ziele explizieren, sehen wir ja, wie viele Gemeinsamkeiten wir haben. Und wenn wir über unsere wahren Gefühle sprechen und sie respek-

tieren, sollte sich doch jedes Problem lösen lassen, nicht wahr?

Schaun wir mal.

Ehrlich über Meinungen diskutieren

Wir halten es für gut, »aufrichtig« zu sein, »freimütig damit herauszurücken«. Wir bewundern »klare Worte«. Viele glauben, daß Ehrlichkeit sich günstig auf menschliche Beziehungen auswirkt. Wenn uns beispielsweise die anderen nur ehrlich sagen würden, was sie von uns halten, könnten wir uns ändern und besser miteinander auskommen. Leider ... ist es oft so: Je besser man einander versteht, desto weniger kann man sich leiden.

Verkaufsfachleute eines kalifornischen Unternehmens trafen sich zu einem Intensivwochenende, auf dem sie sich ehrlich über ihre jeweiligen Stärken und über ihre persönlichen und beruflichen Verbesserungsmöglichkeiten austauschen sollten. Dies sollte die Gruppenleistung und den Umsatz steigern. So lautete jedenfalls die Theorie.

Es folgen einige Bemerkungen, die während dieses Wochenendes fielen:

»Sie sehen gut aus mit ein paar Pfund mehr auf den Rippen! Wirklich, ich meine das ernst! Sie sehen toll aus!«

»Sie sprechen am Telefon immer über Ihre emotionalen Probleme. Haben Sie schon einmal daran gedacht, einen Psychologen aufzusuchen?«

»Vielleicht hätten Sie nicht so viele Schwierigkeiten mit Ihrer Haut, wenn Sie weniger Make-up auflegten!«

Glauben Sie, daß dieser freimütige Meinungsaustausch die

Harmonie förderte und den Verkauf ankurbelte? Sie haben recht: Er tat es nicht. Im ersten Monat nach diesem Wochenende *fiel* der Umsatz um 12 %.

Mangelndes Verständnis war hier nicht der springende Punkt. Alle legten ihren Standpunkt unmißverständlich klar. Der Knackpunkt war, daß sie sich nur zu gut verstanden.

Wahre Interessen offenlegen

Wenn wir an die Zauberkraft des Verstehens glauben, legen wir unsere eigentlichen Ziele offen und stellen fest – voilá! –, daß sie miteinander vereinbar sind. Ich hege da meine Zweifel. Nehmen wir ein typisches Problem am Arbeitsplatz. Ihre Chefin möchte, daß Sie abends Überstunden machen, Sie nicht. Also setzen Sie beide sich zusammen, um über Ihre wahren Ziele zu sprechen: Ihre Chefin will ihr Projekt termingerecht abschließen, Sie wollen heim und fernsehen. *Hoppla!*

Wahre Interessen sind nicht immer miteinander vereinbar. Im vorliegenden Fall brächte es überhaupt nichts, wenn Sie Ihre Interessen offenlegten. Es würde nur zu einer geringfügigen Erhöhung der Arbeitslosenrate führen.

Über Ihre Motivation zu sprechen kann die Lage verschlimmern. Dafür gibt es drei Gründe:

1. Wenn Sie Ihre Interessen offenlegen, dann kann das Ihren Gegner dazu verlocken, Sie auszunutzen. Angenommen, Sie sehen sich nach einem Haus um. Ihr Partner betritt gemeinsam mit Ihnen ein Haus und ruft aus: »Es hat alles, wonach wir suchen – offener Kamin,

Dachfenster, sogar ein Nebenhäuschen für Großmutter!« Jetzt weiß der Verkäufer, daß Sie sich die Finger nach dem lecken, was er anzubieten hat. Wird er Ihnen beim Preis entgegenkommen?

Nicht, wenn er knallhart ist. Möglicherweise geht er mit dem Preis sogar hoch. (»Wir haben den Markt für diese Immobilie unterschätzt.«)

2. Wenn Sie Ihr Ziel offenlegen, konkurriert die Gegenseite vielleicht mit Ihnen darum. Sie denken sich eine neue Produktionsmethode aus, die 50% schneller ist. Die Idee wird den Abteilungsleiter mit Sicherheit beeindrucken, und ein Aufstieg scheint Ihnen sicher. Vielleicht bekommen Sie sogar die Stelle Ihrer Vorgesetzten.

Ihre Chefin ist anscheinend versessen darauf, Ihre neue Methode einzuführen. Bis Sie Ihr eigentliches Interesse aufdecken: »Und der Abteilungsleiter wird erst begeistert sein!«

Plötzlich verstummt Ihre Chefin. Sie muß es sich noch einmal durch den Kopf gehen lassen.

Am selben Nachmittag beraumt der Abteilungsleiter eine Besprechung an, auf der er begeistert ein neues Produktionsverfahren bekanntgibt, das 50% schneller ist und entwickelt wurde von ... Ihrer Chefin. Jetzt begreifen Sie: Manchmal ist es besser, den Mund zu halten. Bevor Sie erwähnten, daß Sie beim Abteilungsleiter Eindruck schinden wollten, kam Ihre Chefin nicht auf den Gedanken, Ihre Idee zu klauen.

3. Ihr wahres Ziel kann die andere Seite gegen Sie aufbringen. Schauen wir, was Herr Chandra erlebte, der vor kurzem als Einwanderer in die USA gekommen ist. In seinem Herkunftsland hatte er eine Ausbildung als

Bibliothekar absolviert und wurde zu einem Vorstellungsgespräch eingeladen.

Unglücklicherweise wußte Herr Chandra nicht, was man in den USA von einem Bewerber bei Einstellungsgesprächen erwartet.

Sein Gesprächspartner fragte: »Warum möchten Sie *hier* arbeiten?« Natürlich wissen die meisten amerikanischen Bewerber, daß man von ihnen soviel Interesse an der ausschreibenden Organisation erwartet, daß sie sich zuvor darüber informieren. Sie sind also gewappnet, um während des Gesprächs zu schwindeln und erklären zu können, warum sie sich genau für diese Stelle bewerben. Herr Chandra hatte keine Ahnung, daß man etwas Derartiges von ihm erwartete, und gab daher ohne Umschweife sein wahres Interesse preis. Er erwiderte: »Ach, mir kommt es nicht darauf an, *hier* zu arbeiten. Ich brauche einfach eine Stelle.«

»In irgendeiner Bibliothek?« Herr Chandra sollte noch eine Chance bekommen, seine Ehre zu retten. Herr Chandra aber machte alles nur noch schlimmer, indem er sein wahres Interesse noch eindeutiger offenlegte: »Klar, mir ist jede Bibliothek recht.« Wie Sie wahrscheinlich schon erraten haben, bekam Herr Chandra diese Stelle nicht.

Wahre Gefühle äußern

Seit Jahrzehnten predigen uns die Psychologen: »Unterdrücken Sie Ihre Gefühle nicht.« Daraus erwuchs die verbreitete Vorstellung, daß man immer seine wahren Gefühle äußern müsse, wenn man Wert auf eine verläßliche

Beziehung legt. Das sollten Sie sich zweimal überlegen, denn: *Ihre wahren Gefühle können die andere Person verletzen oder kränken.* Ich persönlich habe das in meinem ersten Jahr auf dem College erfahren. Wie Sie gleich sehen werden, war ich im Umgang mit Frauen nicht das, was man »gewandt« nennen würde. Aus Gründen, die mir immer noch nicht klar sind, beschloß eine äußerst attraktive Kommilitonin namens Jennifer, in die ich schon das ganze Semester lang verknallt war, mit mir zu gehen. Unsere Beziehung lief prima, bis sie die Befürchtung zu hegen begann, daß ich sie nur wegen ihres Aussehens mochte. Sie kam eines Abends auf das Problem zu sprechen, als wir engumschlungen vor dem Kamin saßen.

Sie sagte: »Ich glaube, du gehst nur mit mir, weil ich blond bin.« Ich wollte ihren Irrtum richtigstellen: »Ganz und gar nicht! Im Gegenteil, ich fliege nicht besonders auf Blonde.« Die nächsten zwei Stunden war ich damit beschäftigt, dieses mein wahres Gefühl zu erklären.

Es dauerte allerdings nicht so lange, bis mir dämmerte, daß ich mit meiner Äußerung einen *gravierenden* Fehler begangen hatte. Diese Erkenntnis überfiel mich fast unmittelbar danach – als Jennifer von mir abrückte, mich ungläubig ansah und stammelte: »Du meinst ... du findest mich nicht attraktiv?«

»Nein, nein, nein, so meine ich das nicht!« Ich wollte sie beruhigen und erläuterte daher meine Empfindungen erneut: »Du bist *sehr* attraktiv! Ich stehe nur mehr auf brünett, deshalb ist ganz klar, daß ich nicht bloß wegen deines Aussehens mit dir gehe.«

Jetzt wollte es Jennifer ganz genau wissen. »O. k., also du – du magst mich, du findest nur andere Frauen *reizvoller* als mich?« Diese Bitte um Klärung zog die Schlinge zu, die ich mir selbst um den Hals gelegt hatte. Ab da ging die Geschichte den Bach runter. Ich war in der Zwickmühle und brauchte dringend eine Strategie. Mir war klar, daß Jennifer Bestätigung brauchte. Ich hätte ihr erzählen können, was mir an ihr als Mensch gefiel. *Das* wollte sie hören, nicht, daß ich von Natur aus mehr auf Brünette stand. (Sie erklärte mir das alles, als sie mit mir Schluß machte.) Meine Erfahrung mit Jennifer beweist also auf schmerzliche Weise: Wahre Gefühle zu äußern kann alles schlimmer machen. Meine klare Aussage löste nur einen Streit darüber aus, ob ich sie wirklich anziehend fand.

Wahre Gefühle zu äußern kann gefühllos sein. Sie gehen vielleicht davon aus, daß die andere Person über jedes Ihrer wahren Gefühle im Bilde sein möchte, selbst wenn ihr das weh täte oder sie kränkte. Wenn Sie davon überzeugt sind, fragen Sie sie. Vielen ist es lieber, wenn Sie einige Ihrer wahren Gefühle für sich behalten. Jennifers Worte klingen mir noch heute im Ohr: »Selbst wenn du Brünette attraktiver findest – ich meine, du hättest so anständig sein sollen, mir das nicht zu *sagen*!«

Warum können wir nicht einfach sagen, was wir wollen?

Warum können wir nicht ehrlich mit unserer Meinung herausrücken und dann zu einer Lösung gelangen, die alle zufriedenstellt? Ich wünschte, es wäre immer so einfach. Das macht einen Teil der Anziehungskraft des Mächtigen Mythos der Heimlichen Harmonie aus. Er sorgt dafür, daß Probleme so ... *leicht lösbar* scheinen.

Manchmal wollen Sie vielleicht kein Blatt vor den Mund

nehmen, egal welche Folgen das hat, um Wut oder Frust abzulassen. Doch wenn Ihnen die Reaktion der Gegenseite nicht gleichgültig ist, wenn Sie sie für sich gewinnen wollen, dann erfordert das Überzeugungskraft. Sie können natürlich Strategie Strategie sein lassen und skrupellos vom Leder ziehen, doch das ist kein Rezept für den Erfolg.

Werden Sie sich über Ihr Ziel klar: Wollen Sie sich persönlich entfalten, oder wollen Sie überzeugen? Täuschen Sie sich nicht: Der unzensierte Ausdruck der eigenen Persönlichkeit ist in aller Regel kein kluges Verfahren zur Lösung von Problemen.

Hilft mehr Reden immer?

Landläufigen Weisheiten zufolge ja:

Der Schlüssel zur Lösung von Problemen liegt in der Kommunikation.

Wenn man Differenzen ausräumen will, muß man ungeschminkt seine Meinung sagen.

Es ist immer hilfreich, einander besser zu verstehen.

Wenn wir einander verstehen, erzielen wir Übereinstimmung.

Wenn keiner nachgibt, muß man weiter miteinander reden.

Strategischer Kommunikation zufolge nein:

Reden *kann* ins Auge gehen. Der Schlüssel zum Erfolg liegt in Strategie.

Überlegen Sie, bevor Sie in einem Streit reagieren.

Besseres wechselseitiges Verstehen kann die Parteien noch mehr entzweien.

Es kann sein, daß wir einander verstehen und *trotzdem* verschiedener Meinung sind.

Entwickeln Sie eine tragfähige Strategie, bevor Reden die Situation verschlimmert.

Es gibt keine Universalstrategie

Wenn mit der eigenen Meinung herauszuplatzen als Standardverfahren nicht taugt, worin besteht dann die Universalstrategie, um Meinungsverschiedenheiten beizulegen?

Es gibt keine. Es gibt keine Strategie, mit der Sie jeden jederzeit überzeugen und all Ihre Probleme lösen könnten.

Manche Kommunikationstrainer haben jahrelang nach einer Universalstrategie gesucht. Doch eine Standardmethode, beispielsweise die, für besseres Verständnis zu sorgen, kann in dem einen Fall funktionieren, in einem anderen aber großen Schaden anrichten. *Kein Rezept kann alle Schwierigkeiten beseitigen, genausowenig wie eine Tablette alle Krankheiten heilt.*

Es gibt jedoch eine Reihe von Schritten, mit deren Hilfe Sie eine Strategie *entwickeln* können, die in Ihrem speziellen Fall zum Erfolg führt. *Darum* geht es in diesem Buch.

Verlassen Sie sich nicht auf ein Standardverfahren. Sie denken vielleicht: »Wenn das einmal funktioniert hat, dann funktioniert es auch wieder.« Nicht unbedingt. Nach einem meiner Vorträge sprach mich ein Manager an und fragte: »Immer wenn ein Kunde aufgebracht ist, versuche ich, ihm auf halbem Weg entgegenzukommen. Das hat oft funktioniert. Doch ich frage mich immer: Ist das eine gute Methode?« Nicht als Universalstrategie, nein. Das Angebot einer Einigung auf halbem Wege kann in vielen Fällen funktionieren und trotzdem *in einem speziellen Fall* eine schlechte Methode sein. Ich habe erlebt, daß die Gegenseite erwiderte: »Es tut mir leid, ich kann Ihnen nicht weiter entgegenkommen. Aber wir sind einander schon sehr nahe. Wenn Sie den noch verbleibenden kleinen Schritt tun, kommen wir ins Geschäft.«

Was ist falsch an dem Angebot, sich auf halbem Weg entgegenzukommen, und an der Hoffnung, daß das funktionieren möge? Wie in dem vorliegenden Fall laufen Sie Gefahr, daß Sie nicht nur nichts regeln, sondern auch noch dafür sorgen, daß das, was letztlich dabei herauskommt, für Sie ungünstiger ist.

Wie oft auch immer eine bestimmte Strategie in der Vergangenheit zum Erfolg geführt hat, Sie müssen sie stets vor dem Hintergrund der gegenwärtigen Situation neu prüfen. Und das schaffen Sie auch, wenn Sie nach den vier strategischen Schritten in diesem Buch vorgehen.

Entwickeln Sie einen der Situation angemessenen Plan

Viele von uns haben nur wenige Strategien auf Lager, um mit unterschiedlichen Umständen fertig zu werden. In einer neuen Situation greifen wir intuitiv auf eine dieser altbekannten Strategien zurück.

Das ist ein schwerer Fehler. Hören wir auf den Rat von General George Patton: »Man entscheidet sich nicht für ein [strategisches] Konzept und versucht dann, die Umstände diesem Konzept anzupassen. Man versucht, [strategische] Konzepte an die Umstände anzupassen. Ich glaube, zwischen Erfolg und Mißerfolg in hohen Führungspositionen entscheidet genau diese Fähigkeit beziehungsweise ihr Fehlen.« Greifen Sie also nicht gleich zu einer Standardmethode, die Sie der Situation überzustülpen versuchen. Schauen Sie sich vielmehr die Situation genau an, und entwickeln Sie eine passende Strategie. Strategisches Denken setzt voraus, daß Sie ein Vorgehen planen, das in *Ihrer* speziellen Lage zum Erfolg führt. Es gibt eine Methode, die Ihnen dabei hilft. Eine Methode, die Sie in den Stand versetzt, Ihre Lage rasch zu taxieren und eine Strategie zu entwerfen, die auf die besonderen Umstände eingeht, mit denen Sie konfrontiert sind. Diese Methode heißt strategische Kommunikation.

Kernpunkte dieses Kapitels

1. Machen Sie sich bewußt, daß besseres wechselseitiges Verständnis nicht alle Probleme löst. Besseres Verstehen kann einen noch größeren Keil zwischen Menschen treiben. Oft kommt es vor, daß man sich um so *weniger* leiden kann, je besser man einander versteht.
2. Denken Sie genau nach, bevor Sie Ihr wahres Ziel aufdecken. Sie hoffen vielleicht darauf, daß es mit dem Ziel der anderen Seite vereinbar ist. Seien Sie sich jedoch dreier Fallen bewußt:
   • Wenn Sie Ihr Ziel offenlegen, kann dies einem Gegner die Chance geben, Sie auszunutzen.
   • Der andere konkurriert mit Ihnen um Ihr Ziel.
   • Ihr Ziel kann die andere Seite gegen Sie aufbringen.
3. Wenn Ihnen schon auf der Zunge liegt, was Sie denken, dann rufen Sie sich Ihre Absicht ins Gedächtnis: Geht es Ihnen um die Entfaltung Ihrer Persönlichkeit oder darum zu überzeugen? Der unzensierte Ausdruck der eigenen Gedanken und Gefühle ist wohl kaum ein kluges Standardverfahren zur Lösung von Problemen.

4. Entwickeln Sie eine Strategie, die *Ihrer besonderen Situation* angemessen ist. Ein Standardverfahren (etwa das Verständnis verbessern), das in einem Fall funktioniert, kann in einem anderen großen Schaden anrichten.

Die Lösung:
Die vier Schritte der strategischen Kommunikation

Strategischer Schritt Nr. 1:
Stellen Sie fest, ob ein Mißverständnis oder eine echte Meinungsverschiedenheit vorliegt

Oft liegt die Ursache der Schwierigkeiten nicht in einem Kommunikationsproblem. Wenn Sie sich daher abmühen, einander besser zu verstehen, werden Sie das Problem nicht lösen – Sie werden es möglicherweise sogar verschärfen. Bevor Sie sich hineinstürzen, müssen Sie das *eigentliche* Problem erkennen, um das es geht. Dieses Kapitel zeigt Ihnen einen einfachen Test, mit dem Ihnen dies gelingt.

Wenn Sie in einem Unternehmen arbeiten, das sehr um Sie als Mensch bemüht ist, dann verfolgt es wahrscheinlich eine Politik der offenen Türen. Das heißt, daß Sie selbst als kleines Rädchen eine Beschwerde an die Führungsebene richten können. Die Unternehmensleitung wird sich Ihre Beschwerde anhören und das Problem zufriedenstellend lösen. Sie brauchen keine Repressalien zu befürchten. Sie können sich darauf verlassen, daß die Unternehmensleitung bei einer Politik der offenen Türen auf offene, zweiseitige Kommunikation setzt. Zumindest in der Theorie.

Eine Kluft zwischen Theorie und Praxis klaffte allem Anschein nach bei einem Raketenhersteller in Südkalifornien. Die folgende Begebenheit illustriert, daß viele von uns den falschen Weg einschlagen, wenn sie versuchen, Probleme zu lösen – weil sie von der Annahme ausgehen, daß die andere Seite sie nur besser verstehen müßte. Eine der großen amerikanischen Tageszeitungen veröffentlichte einen Bericht darüber. Ich kann nicht für den Wahrheitsgehalt des Artikels garantieren; ich kann nur wiedergeben, was die Zeitung berichtete: Es wurden Mitarbeiter entlassen, und den verbliebenen erklärte man, sie würden keine Gehaltserhöhungen, sondern einen einmaligen Bonus bekommen. Daraufhin beschloß ein Ingenieur namens Tom Shackleberry, sich schriftlich an den Firmenchef zu wenden.

Er schrieb, daß die Firmenleitung wenig unternehme, um den Mitarbeitern »Vertrauen einzuflößen«, und klagte, daß die meisten Mitarbeiter aufgefordert wurden, auf eine Gehaltserhöhung zu verzichten, obwohl das Unternehmen, wie er angab, gerade eine zehnprozentige Gewinnsteigerung vermeldet habe und obwohl die Firmenleitung sich selbst weiterhin Einkommenssteigerungen von bis zu 22 Prozent genehmige.

Er erklärte: »Ihre Aufforderung an die anderen Mitarbeiter, Opfer zu bringen ... klingt besonders unglaubwürdig.« Er bezeichnete die Nullrunde als »eines der schlimmsten Beispiele für ein arrogantes, kurzsichtiges, von Selbstbedienungsmentalität geprägtes Management, das ich je erlebt habe.«

Shackleberry fuhr fort: »Ein Topmanagement, das behauptet, es versuche die Gemeinkosten zu senken ..., während seine eigenen Vergütungen in die Höhe schießen, verhält sich *verabscheuungswürdig und unmoralisch*.«

Wahrscheinlich fragen Sie sich jetzt schon, wie offen diese »offene Tür« tatsächlich war. Shackleberry merkte es, als er die Antwort des für das Personalwesen verantwortlichen stellvertretenden Vorstandschefs, den ich Virgil W. Grimm nennen möchte, in Händen hielt.

Grimm schrieb: »Die meisten Ihrer Annahmen und Unterstellungen, auf die Sie Ihre Angriffe gründen, sind falsch.« Er fuhr fort: »Ich schlage Ihnen vor, in aller Ruhe mit Ihren Vorgesetzten über die Maßnahmen der Firma und deren Gründe zu diskutieren. Wenn Sie sich nach einer vollständigen Aufklärung über die Fakten und Umstände immer noch zu dem ›verabscheuungswürdigen und unmoralischen‹ Verhalten der Firmenleitung äußern möchten, dann wird Ihnen das sicher leichter fallen, wenn Sie es von einer Position bei einem Arbeitgeber aus tun, der eher auf der Linie Ihrer Theorien liegt.«

Shackleberry bemerkt dazu: »Man muß kein Raketenspezialist sein, um die wahre Botschaft zu verstehen – und ich *bin* Raketenspezialist.«

Er war so betroffen von der, wie es die Zeitung nannte, »impliziten Drohung«, daß er »Kopien der beiden Briefe an einige Freunde weitergab. Diese Freunde schickten Kopien an ihre Freunde. Und so weiter. Und so weiter. Bald sausten die beiden Briefe per Fax durch alle Büros des Unternehmens in Südkalifornien – mit 17 300 Angestellten – und gelangten sogar in Niederlassungen in Texas und Florida. Wie Shackleberry berichtet, bekamen auch Angestellte in England und Australien Faxe. Das gesamte Unternehmen geriet dermaßen in Aufruhr, daß der Vorstandsvorsitzende, den ich hier Filbert T. Witherspoon III nennen möchte, sich schließlich persönlich in der Mitarbeiterzeitschrift der Firma äußerte.

Witherspoon räumte ein, daß »eine Antwort auf den Brief eines Angestellten Zweifel am Bestehen einer offenen Zweiwegekommunikation weckte«. Da sein Mitarbeiter allem Anschein nach nicht verstehe, was das heiße, erklärte es Witherspoon: »Ich möchte unterstreichen, daß ich beabsichtige, meine Politik der offenen Kommunikation fortzusetzen.« Schließlich ließ er sich noch zu einem persönlichen Treffen mit Shackleberry herbei.

Glauben Sie, daß er sich auch nur für den Ton des Briefes von Grimm entschuldigte? Der Zeitung zufolge tat er es nicht. Warum hätte er auch? Es gab doch keine Schwierigkeiten mit der Geschäftsleitung, oder? Die Geschäftsleitung war *mißverstanden* worden – zuerst von Shackleberry, dann von den anderen Angestellten. Was Shackleberry brauchte, war eine »vollständige Aufklärung«. Die Mitarbeiter mußten umfassend informiert werden. Witherspoon handelte ganz nach dem Mächtigen Mythos der Heimlichen Harmonie: Wenn wir einander nur verstehen, werden wir Einhelligkeit erzielen. Er veränderte ihn nur ein ganz klein wenig: Wenn nur du *mich* verstehst, werden wir Einhelligkeit erzielen.

So bevormundend und selbstbezogen Ihnen diese Methode vorkommen mag, so vertraut müßte Sie Ihnen auch sein. Weil es genau die Methode ist, zu der viele von uns greifen, wenn es zum Streit kommt.

Die Methode »Wir können doch darüber reden«

John Lennon und Paul McCartney haben ein berühmtes Lied mit dem Titel »We Can Work It Out« geschrieben. Wie jeder Beatles-Fan weiß, handelt es davon, daß man Probleme lösen kann, wenn man dafür sorgt, daß man einander besser versteht.

Aber nicht so, wie Sie vielleicht glauben.

Wenn Sie genauer auf den Text achten, werden Sie merken, daß Lennons und McCartneys Vorstellung von »drüber reden« der von Witherspoon exakt entspricht. »Das Problem lösen« heißt, »es mit *meinen* Augen sehen«.

> *Try to see it my way.*
> *Do I have to keep on talking 'till I can't go on?*
> *While you see it your way,*
> *There's a chance that we might fall apart before to long.*
> *We can work it out,*
> *We can work it out.*
> *(Versuch es doch mal mit meinen Augen zu sehen.*
> *Muß ich denn so lange reden, bis ich nicht mehr kann?*
> *Wenn du es immer nur mit deinen Augen siehst,*
> *kann es passieren, daß wir in nicht allzu langer Zeit*
> *   auseinandergehen.*
> *Wir können doch drüber reden,*
> *Wir können doch drüber reden.)*

Ob mit Absicht oder nicht, dieser Text beschreibt sehr genau, wie viele Menschen mit einer Meinungsverschiedenheit umgehen. Sie gehen von der Annahme aus, daß sie recht haben; dann vertreten sie ihren Standpunkt, wild entschlossen, sich durchzusetzen, und fest davon überzeugt, daß sie die andere Seite zum Nachgeben zwingen können. Schließlich wissen sie, daß sie, logisch gesehen, recht haben.

Die Macht der Logik

Viele glauben, daß sich ihre Differenzen auf vernünftige und gesittete Art und Weise beilegen lassen: Ich erläutere meinen Standpunkt und zähle die Fakten auf, die für ihn sprechen; Sie tun dasselbe; wir machen uns gegenseitig auf die Fehler in unseren Überlegungen aufmerksam; und die logischste Ansicht setzt sich durch. Alles ganz vernünftig.

Diese Methode kann funktionieren, wenn alle gemeinsam nach der Wahrheit suchen, ganz vernünftig und leidenschaftslos, ohne daß persönliche Eitelkeiten oder Interessen auf dem Spiel stehen. Wenn Sie mit Menschen zu tun haben, die so selbstlos sind, dann lesen Sie dieses Buch wahrscheinlich gar nicht und leben vermutlich auf einem anderen Planeten.

Wie reagieren *normale* Menschen auf eine neue Idee? Sie vergleichen sie mit ihren bestehenden Überzeugungen. Wenn sich die neue Idee in diese einfügt, nehmen sie sie an. Wenn nicht, lehnen sie sie ab.

Wirkt dieses Verhalten unvernünftig? Tut es. Es ist aber auch menschlich. Es erklärt, warum Menschen die Stärken der eigenen Auffassung sehen und die Schwächen der anderen. *Menschen wollen die Welt im wahrsten Sinne des Wortes mit ihren eigenen Augen sehen.* Früher glaubte man, daß die Sonne sich um die Erde dreht. Wissen Sie, wie lange es gedauert hat, bis wir einsahen, daß wir uns geirrt haben? *Jahrhunderte!* Das zeigt überdeutlich, wie dickköpfig wir von Natur aus sind und welch zähen Widerstand wir Veränderungen entgegensetzen.

Damit Sie nun nicht denken, wir hätten uns seither weiterentwickelt, machen Sie einmal folgendes Experiment. Schneiden Sie einen provozierenden Kommentar aus der

Meinungsseite Ihrer Zeitung aus. Zeigen Sie ihn zwei Menschen, die bei dem betreffenden Thema entgegengesetzter Meinung sind – beispielsweise einem Liberalen und einem Konservativen. Fragen Sie sie dann, ob der Kommentar ihre Meinung geändert habe. Doch der Liberale wird Aspekte in dem Text finden, die die liberale Ansicht stützen; der Konservative hingegen findet Aspekte, die die konservative Position bestätigen. Beide ändern ihre Meinung nicht im geringsten.

Welche Sicht der menschlichen Natur ist realistischer?

Landläufige Weisheiten:	Strategische Kommunikation:
Menschen möchten gern die objektive Wahrheit erfahren.	Menschen möchten gern beweisen, daß sie recht haben.
Sie sind zu einer leidenschaftslosen Sicht der Dinge fähig.	Sie sehen die Welt am liebsten mit ihren Augen.
Sie ändern ihre Meinung, wenn man ihnen Tatsachen vor Augen führt.	Sie interpretieren Tatsachen so, daß sie ihre Überzeugungen bestätigen.
Sie sind vernünftig und geben es zu, wenn sie unrecht haben.	Sie reagieren emotional und verteidigen ihren Standpunkt.

Wenn Sie versuchen, jemanden von seiner Meinung abzubringen, um einen Streit beizulegen, dann gehen Sie den steinigsten Weg. Ihr Kontrahent muß dazu seine Überzeugungen aufgeben und die Ihren übernehmen. Das ist das Gegenteil von dem, was Menschen gewöhnlich tun. Im allgemeinen *interpretieren sie die Fakten lieber so, daß sie zu ihrer vorgefaßten Meinung passen, als zuzugeben, daß sie unrecht haben.*

In aller Regel reagieren Menschen emotional, wenn sie sich angegriffen fühlen. Sie denken bei sich: »Oha, ich muß meine Position wasserdicht machen.« Sie verteidigen sich und attackieren die andere Seite. Newtons Wechselwirkungsgesetz: Jede Wirkung erzeugt eine gleich starke, aber entgegengesetzte Gegenwirkung. Wenn der eine Druck ausübt, will der andere Gegendruck ausüben.

Die Redefalle

Nehmen wir als typisches Beispiel den Streit eines Ehepaares über das Ziel der nächsten Urlaubsreise. Schauen wir uns an, was geschieht, wenn beide auf ihrem Standpunkt beharren und zu begründen versuchen, warum sie recht haben. Sie drehen sich im Kreis, der frustrierende Schlagabtausch eskaliert, bis er in einer Sackgasse endet. Sie durchlaufen die vier typischen Schritte der Redefalle:

1. Ich stelle eine Forderung, du stellst eine Forderung.
   Er sagt: »Liebling, ich hab's! Wir werden dieses Jahr im Urlaub alle Schlachtfelder des amerikanischen Bürgerkriegs abfahren!«
   Sie sagt: »Oh nein, nicht schon wieder! Ich will nicht Tag für Tag in einem heißen, stickigen Auto sitzen. Wir machen Urlaub in Florida und aalen uns in der Sonne!«
2. Ich erkläre meinen Standpunkt, du erklärst deinen.
   Er sagt: »Aber du weißt doch, wie sehr ich mich für den Bürgerkrieg interessiere!«
   Sie sagt: »Und du weißt, wie sehr es mich interessiert, am Strand zu liegen und absolut nichts zu tun!«

3. Ich verkünde, daß ich jetzt erst recht auf meiner Position beharre, du tust dasselbe.

Er sagt: »Wir werden die Schlachtfelder abfahren, und ich will nicht darüber streiten.«

Sie sagt: »Nein, *du* wirst deine Schlachtfelder abklappern. *Ich* werde in Florida Piña colada schlürfen.«

4. Ich rede nicht mehr mit dir, du redest nicht mehr mit mir.

Er beschäftigt sich mit der Post und schaut sie nicht mehr an.

Sie schaltet das Radio ein und übersieht ihn geflissentlich.

Ein klassisches Beispiel für eine Redefalle.

Wenn die Beteiligten nicht miteinander reden, vermuten wir, daß sie einander wohl nicht verstehen und daß sie einander zuhören und offen und ehrlich alle Unklarheiten beseitigen müssen. (Wiederum vertrauen wir auf den Mächtigen Mythos der Heimlichen Harmonie: Wenn sie einander verstünden, würden sie übereinstimmen.) Doch in einer Redefalle hören die Menschen zu reden auf, *weil* sie verstehen. Sie *wissen*, daß sie verschiedener Meinung sind.

Dies war auch der Fall, als eine Lehrergewerkschaft die Tarifverhandlungen abbrach. Die Vertreter verstanden das Angebot der Schulen des Bezirks ganz genau; sie wollten dagegen protestieren, indem sie die Gespräche abbrachen. Kommunikationsprobleme waren nicht die *Ursache* dieses Problems. Sie waren das *Ergebnis*.

Bei einer echten Meinungsverschiedenheit versteht man sich häufig nur allzu gut. Besseres Verständnis füreinander hätte den Streit um die Lehrergehälter nicht beigelegt. Im

Gegenteil, wenn man in einer Redefalle sitzt und immer wieder dieselben Argumente durchkaut, wird alles nur *schlimmer,* je mehr man sich abzappelt. Es bringt nichts, mit immer mehr Nachdruck immer wieder dieselben falschen Dinge zu tun.

Wann ist besseres Verständnis die Lösung?

Für besseres Verständnis zu sorgen hilft nur, wenn das Problem in mangelndem Verständnis liegt. Sie müssen wissen, womit Sie es eigentlich zu tun haben – mit einem Mißverständnis oder einer echten Meinungsverschiedenheit. Diese Unterscheidung bewahrt Sie davor, in eine gefährliche Falle hineinzutappen – sich in *das falsche Problem* zu verbeißen.

Ein *Mißverständnis* liegt vor, wenn man sich gegenseitig nicht richtig versteht. Eine *echte Meinungsverschiedenheit* liegt vor, wenn eine Differenz besteht, die auch dann andauert, wenn man einander ganz genau versteht. Bei einem Mißverständnis ist die Lösung einfach: Sie verständigen sich, das Problem verschwindet. Bei einer echten Meinungsverschiedenheit brauchen Sie eine Strategie, um Ihr Gegenüber zum Umschwenken zu bewegen.

Wenn Sie versuchen, das falsche Problem zu lösen, laufen Sie Gefahr, die Lage zu verschlimmern. Nehmen wir einmal an, Sie haben es mit einer echten Meinungsverschiedenheit zu tun. Nehmen wir überdies an, die andere Person kennt Ihren Standpunkt bereits. Wenn Sie nun das Problem als Mißverständnis behandeln und Ihre Ansicht immer wieder erläutern, weil Sie glauben, nicht richtig verstanden worden zu sein, gehen Sie der Gegenseite nur auf die Nerven, also schaltet sie auf stur – Sie sitzen in einer Redefalle.

Stellen wir uns jetzt vor, das Problem sei immer noch eine echte Meinungsverschiedenheit. Die andere Person will, daß Sie Ihre Meinung ändern. Doch nehmen wir jetzt einmal an, daß Sie in diesem neuen Szenario die Gegenseite auffordern, ihre Einwände zu erläutern, während Sie aufmerksam zuhören, Verständnis zeigen und dann gar nichts tun. Was wird aller Wahrscheinlichkeit nach passieren? Die Gegenseite wird sich noch *mehr* über Sie ärgern!

Schlimm genug, daß Sie keine Anstalten machten nachzugeben, als Sie noch nicht Bescheid wußten. Doch jetzt, wo Ihnen Ihr Gegenüber seinen Standpunkt genau erklärt hat, sind Sie immer noch nicht bereit, Ihre Meinung zu ändern ... also das schlägt dem Faß den Boden aus! Wenn Sie also bei einer echten Meinungsverschiedenheit zuhören, Verständnis signalisieren und dann auf Ihrer Ansicht beharren, kriegen Sie überhaupt nichts geregelt – und unter Umständen verschlimmern Sie die Lage.

Versetzen Sie sich bitte einmal in ein ganz gewöhnliches ruhiges Wohnviertel. Gepflegte Einfamilienhäuschen wie aus dem Bilderbuch. Eines Morgens werden die Bewohner aus dem Schlaf gerissen: Auf einem unbebauten Grundstück lärmen Preßlufthämmer und ein Bulldozer. Ein Schild prangt davor: »Hier baut der Landkreis eine neue Justizvollzugsanstalt für den offenen Vollzug.«
Justizvollzugsanstalt für den offenen Vollzug!!?
Die Anwohner laufen Sturm. Sie wollen keine Kriminellen in ihrer Nachbarschaft! Sie wollen sofortigen *Baustopp*.

Der für den Bau verantwortliche Amtsleiter überlegt: »Rein gesetzlich kann ich weiterbauen, doch um des kommunalen Friedens willen werde ich eine Versammlung abhalten und alle Mißverständnisse ausräumen. Dann werden sie wieder nach Hause gehen, und das Problem ist aus der Welt.« Klassisches Beispiel für den Mächtigen Mythos der Heimlichen Harmonie. Und Sie können sich sicher denken, was geschieht.

Amtsleiter Feemley beraumt seine Versammlung also für 19 Uhr in der Schulaula an. Journalisten aller drei Fernsehstationen sind anwesend, gemeinsam mit 100 aufgebrachten Anwohnern. Feemley faßt sie ins Auge und sagt: »Sie verstehen das einfach nicht! Es werden keine schweren Jungs hierherkommen. Schwerkriminelle können überhaupt nicht in den offenen Vollzug kommen!«

Eine Frau ruft: »Was ist denn schwerkriminell?«

Feemley versichert ihr: »Keine Vergewaltiger oder Mörder. Nur die mit weniger gravierenden Straftaten. Ich habe Listen dabei.« Er beginnt sie zu verteilen.

Es dauert keine Minute, bis jemand loslegt: »Mann, auf dieser Liste stehen *Drogendealer, Sittenstrolche und Einbrecher*!«

Feemley erklärt: »Ja, aber diese Menschen versuchen, auf den rechten Weg zu kommen. Das sind die *guten* Straftäter!«

Als Gelächter und Buhrufe abebben, merkt Feemley: Hier liegt kein simples Mißverständnis vor.

Gewiß, eines verwechseln die Anwohner: Sie scheren »Hartgesottene« über einen Kamm mit weniger schweren Jungs. Für Feemley gibt es aber einen großen Unterschied zwischen beiden Gruppen: Letztere wurden wegen leichterer Vergehen verurteilt und sind entschlossen, keine krummen Dinger mehr zu drehen. Er ist sicher, daß der Widerstand der Anwohner darauf beruht, daß sie die beiden Gruppen in einen Topf werfen. Wenn er ihnen den Unterschied zu erklären vermag, kann er die Verwechslung sicher aufklären und somit den Widerstand beseitigen. Also erklärt er, und die Anwohner verstehen ihn, die Verwechslung ist ausgeräumt, doch das Problem bleibt. Warum?

Weil der Unterschied zwischen Schwerkriminellen und anderen Straftätern für die Anwohner keinen Unterschied macht. *Beide* Gruppen sind Kriminelle. Und die versammelten Menschen wollen *überhaupt keine* Kriminellen in ihrer Nachbarschaft. Deshalb können sämtliche Erklärungen Feemleys das Problem nicht lösen. Zwischen seinen Zielen und denen der Anwohner besteht ein Konflikt. In diesem Konflikt – und nicht in einem Mißverständnis – wurzelt das Problem.

Er will die Strafanstalt haben.

Die Anwohner nicht.

Diese Differenz läßt sich nicht durch gründlicheres Erklären und Zuhören beseitigen. Im Gegenteil. Je mehr er redet und je mehr die Anwohner reden, desto *wütender* werden alle. Ein aufgebrachter Anwohner nach dem anderen stürmt zum Podium, und zu jedem Redner sagt Feemley: »Wir hören Sie ja an, wir hören Sie ja an.« Schließlich steht jemand auf und schreit: »Sie sagen, Sie hören uns an? *Dann stellen Sie den Bau ein!*«

Feemley fehlen die Worte; er steht dieser echten Meinungsverschiedenheit hilflos gegenüber.

»Ich kann den Bau nicht einstellen«, gesteht er schließlich ein.

»Was?!« schreit der Anwohner, »Sie Lügner! Sie haben doch gesagt, daß Sie uns *anhören*! Warum haben Sie denn diese Versammlung überhaupt durchgeführt!?«

»Nun«, sagt Feemley und schlägt die Augen nieder, »wir wollten Ihnen Gelegenheit geben, Dampf abzulassen.«

Ich dachte, die Menge würde ihn gleich lynchen.

Diesem Amtsleiter setzten nun drei Fernsehreporter, der Stadtrat und seine eigenen Vorgesetzten auf einmal zu, und das nur, weil er eine echte Meinungsverschiedenheit wie ein Mißverständnis anging.

Der Mythos der Wunderwirkenden Besprechung

Feemley steht nicht allein da. Viele Manager fallen auf den Mythos der Wunderwirkenden Besprechung herein. Sie soll dank der Zauberkraft von Verständnis große und kleine Kontroversen aus der Welt schaffen können.

Glauben Sie mir, im wirklichen Leben geht es bei echten Mißverständnissen ganz anders zu. Daran werde ich jedesmal erinnert, wenn ich einen Vortrag auf einer Konferenz halte. Oft fragt mich ein Zuhörer: »Wenn bei der Arbeit ein Problem auftaucht, ruft mein Chef immer alle zu einer Besprechung zusammen, um es zu klären. Doch am Ende der Besprechung ist die Sache oft nur noch *schlimmer*. Warum eigentlich?«

Weil: bei einer echten Meinungsverschiedenheit reichen Zuhören und Erklären nicht aus, um das Problem zu lösen. Wenn eine echte Meinungsverschiedenheit vorliegt und Sie eine Besprechung ansetzen, um für besseres Verständnis zu sorgen, dann erhalten Sie eines von zwei möglichen Resultaten: a) Sie erreichen gar nichts, oder b) Sie machen alles schlimmer. Häufig machen Sie alles schlimmer.

Warum das so ist? Weil Sie beim Zuhören und Erklären nur allzu leicht in eine Redefalle tappen. Sie mögen sich zwar um Klärung bemühen, doch *in Wirklichkeit eröffnet Ihre Besprechung den Teilnehmern einen Kampfplatz, auf dem sie einander bekriegen können.* Genau dies geschah im Fall der geplanten Strafvollzugsanstalt. Indem Feemley eine Versammlung anberaumte, eröffnete er ein Forum, auf dem die Anwohner gegen ihn kämpfen konnten. Er tappte in eine Redefalle. Bei einer echten Meinungsverschiedenheit kann der Versuch, um Verständnis zu werben, in die Sackgasse führen.

Ich möchte das nochmals unterstreichen: Es ist ganz und gar und ein für allemal unmöglich – ich wiederhole, *unmöglich* –, eine echte Meinungsverschiedenheit durch besseres wechselseitiges Verständnis auszuräumen. Bei einer echten Meinungsverschiedenheit wollen Menschen von Ihnen mehr als Erklärungen. Mehr als ein offenes Ohr. Mehr als Verständnis. Sie wollen, daß *Sie Ihre Meinung ändern.*

Bevor Sie sich also in Erklärungen stürzen, halten Sie inne und überlegen Sie, mit was für einem Problem Sie es eigentlich zu tun haben.

Die Identifikation des Problems

Häufig überlagert ein Mißverständnis eine echte Meinungsverschiedenheit und maskiert sie, so daß sie nicht gleich erkennbar ist. Die Anwohner erklärten: »Wir wollen, daß Sie *uns anhören und verstehen.*« Feemley nahm das wörtlich.

Er berief die Versammlung ein, um sich anzuhören, was sie zu sagen hatten, und sie somit zufriedenzustellen – und um ihre Verwechslung von »schweren Jungs« mit »kleinen Fischen« aufzuklären. Er war sich sicher, daß diese Anhörung und die Erklärungen das Problem lösen würden. Er erkannte nicht, daß diesem eine echte Meinungsverschiedenheit zugrunde lag, nämlich über die Anwesenheit von Straftätern in diesem Viertel *überhaupt.*

Viele Probleme ähneln einem Eisberg: An der Oberfläche ist ein Mißverständnis zu sehen, darunter jedoch lauert unsichtbar eine echte Meinungsverschiedenheit. Wie also unterscheidet man ein Mißverständnis von einer echten Meinungsverschiedenheit?

Ein einfacher Test. Fragen Sie sich: »Würde sich das Problem auflösen, wenn wir uns besser verstünden?«

Mit anderen Worten ...

- Wenn es Ihnen gelingt, Ihre Ansicht klar darzustellen, würde dann die Gegenseite ihre Meinung ändern?
- Würde sie, wenn Sie genau zuhören und Verständnis zeigen, zufriedengestellt und einlenken?
- Wenn sie Ihnen ihren Standpunkt genauer erklären würde, würden Sie dann den Ihren ändern?

Wenn Sie eine dieser Fragen bejahen, dann liegt ein Mißverständnis vor, und es könnte von Nutzen sein, wenn Sie es ausräumen.

Lautet Ihre Antwort jedoch immer nein, stehen Sie vor einer echten Meinungsverschiedenheit. Es kann sein, daß, wie im Fall des armen Feemley, überdies noch ein Mißverständnis besteht, entscheidend ist jedoch, daß *besseres Verständnis bei einer echten Meinungsverschiedenheit überhaupt nichts zur Lösung des Problems beiträgt.* Aufklärung und Zuhören klären vielleicht das oberflächliche Mißverständnis, nämlich welche Straftäter für den offenen Vollzug in Frage kommen; die zugrundeliegende echte Meinungsverschiedenheit jedoch bleibt unberührt, nämlich ob die Anstalt überhaupt gebaut werden soll.

Praktische Anwendungsbeispiele

Schauen wir uns eine junge Ehe an, in der schon bald Mißhelligkeiten auftreten. Jill hat vor kurzem den Psychologen Hank geheiratet. Gleich nach ihrer Hochzeit fahren sie zu einem Ferienhäuschen, in dem sie ihre Flitterwochen verbringen wollen.

Am nächsten Morgen schlüpft Jill aus dem Bett und in die Küche, um das Frühstück herzurichten. Dabei malt sie sich aus, wie sie sich gegenseitig Leckerbissen in den Mund schieben, sich küssen und darüber sprechen, wie sehr sie sich freuen, nun ihr ganzes Leben gemeinsam zu verbringen.

Doch es kommt anders. Als sie das Tablett mit seinem Frühstück ins Schlafzimmer trägt, sieht sie ihren lieben Mann im Bett sitzen und *die Zeitung lesen*. Sie setzt das Tablett vor ihm auf der Bettdecke ab.

Er läßt die Zeitung nicht sinken.

Sie läßt ihr Negligé von den Schultern gleiten, schlüpft nackt zu ihm ins Bett und beginnt, seine Schulter zu liebkosen.

Er läßt die Zeitung nicht sinken.

Sie *bittet* ihn, die Zeitung wegzulegen. Mehrmals. Jedesmal brummt er: »Nur noch eine Minute, Liebes ...« und liest weiter.

Es ist ihr gleichgültig, warum er weiterliest. Dieser Mann, mit dem sie gerade den Rest ihres Lebens zuzubringen eingewilligt hat, interessiert sich mehr für die *Zeitung* als für sie! Und das in den Flitterwochen!!!

Zu seiner Ehrenrettung muß man sagen, daß der Psychologe Hank merkt, daß seine Frau nunmehr die Wärme und Lebhaftigkeit von Trockeneis zeigt. Seine Augen bleiben auf den Sportteil geheftet, doch aus seinem Munde kommen die unschuldigen Worte: »Liebling ... ist etwas?«

Sie reißt ihm die Zeitung aus den Händen und schreit: »Jawoll! Es *ist* etwas! Am Morgen nach unserer Hochzeitsnacht will ich mit dir kuscheln und reden, und alles, was du im Kopf hast, ist die *Zeitung???!!*«

Hank, der Psychologe, lächelt wissend: »Ich hab mir schon gedacht, daß du so reagieren würdest. Laß dir versichern, ich teile deinen Wunsch, uns unsere Nähe zu bestätigen. Doch ich glaube nicht, daß wir dazu miteinander reden und uns berühren müssen. Dich an meiner Seite zu spüren genügt mir vollauf.«

»Aber *mir* nicht. Mir ist egal, was du wünschst; mich interessiert, was du *tust*.«

»Nun, was ich gern tun würde, ist, die Zeitung lesen.«

»Ich glaube, das hast du überdeutlich gemacht.« Sie steht auf. »Ich gehe spazieren.«

Sie knallt die Tür zu.

Hätte sich dieses Problem aufgelöst, wenn Jill Hank besser verstanden hätte?

Möglicherweise glauben Sie das. Wenn sie nur verstanden hätte, wie wichtig für ihn die Zeitungslektüre war, wenn sie nur verstanden hätte, daß ihm wirklich an ihr lag, wäre sie vielleicht nicht so an die Decke gegangen.

Doch diese Theorie übersieht, was Jill selbst sagt: »Mir ist egal, was du wünschst; mich interessiert, was du *tust*.«

Hier lag also eine echte Meinungsverschiedenheit über die Gestaltung der ersten Stunden ihrer Flitterwochen vor: sie wollte schmusen; er wollte lieber Zeitung lesen. Das Problem erledigt sich erst, als Hank einwilligt, im gesamten restlichen Urlaub keinen Blick mehr in eine Zeitung zu werfen.

Er mußte sein Verhalten ändern, um den Zwist beizulegen. Mehr Verständnis genügte nicht.

Gehen wir zum nächsten Fall über. Bob hat eine neue Arbeitsstelle und muß umziehen. Leider hat er gerade einen Mietvertrag für ein Jahr unterzeichnet. Er liest ihn nochmals durch und entdeckt – Überraschung! –, daß er nicht zu einer Entschädigung verpflichtet ist, wenn er vorzeitig kündigt. Also schickt Bob die Kündigung los, packt seine Sachen und zieht weg.

Einige Wochen später flattert Bob eine Forderung seiner alten Vermieterin in Höhe einer Monatsmiete in seine neue Wohnung. Eine knappe Mitteilung erklärt, dies sei eine Ausfallentschädigung wegen seines Vertragsbruches.

Bob ruft die Vermieterin an. »Ich sehe nirgendwo, daß ich eine Monatsmiete als Konventionalstrafe zahlen müßte.«

Die Vermieterin erklärt: »Im Grunde schulden Sie mir die Miete für ein ganzes Jahr. So sieht es ein Einjahresvertrag vor.«

Bob erwidert: »*Einjahresvertrag* bedeutet, daß der Vertrag ein ganzes Jahr gilt. Der Vertrag enthält auf Seite zwei eine Kündigungsklausel. Diese besagt, daß ich Ihnen einen Monat im voraus kündigen muß, was ich getan habe.« Bob liest ihr den Passus vor. »Verstehen Sie?«

»Natürlich verstehe ich!« Die Vermieterin wiederholt: »Sie schulden mir die Miete für das ganze Jahr! Ich komme Ihnen entgegen und verlange nur eine Monatsmiete von Ihnen. Ich könnte die Miete für zehn Monate von Ihnen fordern. Wenn Sie sich weigern zu zahlen, übergebe ich die Sache meinen Anwälten. Vielleicht möchten Sie sich lieber mit denen unterhalten.«

»Ich weigere mich ja gar nicht zu zahlen«, entgegnet Bob ruhig, »wenn Sie mir zeigen können, wo steht, daß ich das muß.«

Jetzt kommt der Test: Würde sich das Problem auflösen, wenn die beiden einander besser verstünden?

Vielleicht sind Sie versucht, die Frage zu bejahen. Schließlich geht es um etwas, das schwarz auf weiß geschrieben steht, nicht wahr?

Falsch. Darauf hat Bob schon hingewiesen. Es hat ihm nichts gebracht. Vermieterin und Mieter verstehen einander. Sie sind beide überzeugt, im Recht zu sein. Wir befinden uns auf dem Gebiet der echten Meinungsverschiedenheit.

Nach landläufiger Meinung setzen Sie sich bei einer Auseinandersetzung durch, wenn Sie beweisen können, daß Sie recht haben. Nicht so bei einer echten Meinungsverschiedenheit.

Recht haben genügt nicht. Bei einer echten Meinungsverschiedenheit spielt es keine Rolle, ob die Tatsachen zu Ihren Gunsten sprechen. Ihr Gegner wird nicht nachgeben. *Viele glauben, in einer Auseinandersetzung werde ausgefochten, wer im Recht ist. Häufig wird aber ausgefochten, wer hartnäckiger ist.* Die Wahrheit ist nur eine weitere Waffe im Kampf. Sie ist kein Zauberstab. Sie kann eine echte Meinungsverschiedenheit nicht in Luft auflösen.

Ein einschlägiges Beispiel: Ich kaufte einen Kombi, dessen Heckklappe alle sechs Monate abfiel. Sie löste sich mit schöner Regelmäßigkeit aus den Angeln, ich brachte den Wagen zum Händler, wir einigten uns darauf, daß ein Konstruktionsmangel vorlag, und er reparierte die Tür auf Garantie.

Als die Tür zum vierten Mal abfiel, konnte sich der Händler die Bemerkung nicht verkneifen, daß seine Reparaturen *provisorisch* gewesen seien. Ich wußte natürlich, daß sie sich als solche erwiesen hatten, nicht jedoch, daß sie es mit Absicht gewesen waren.

Ich fragte: »Wie wäre es denn, die Tür diesmal dauerhaft in Ordnung zu bringen?« Er sagte, nein, eine endgültige Reparatur widerspreche den Garantiebedingungen, weil der Hersteller nicht einräume, daß es sich um einen Konstruktionsfehler handle.

Wenden wir wieder den Test an: Hätte sich mein Problem mit dem Händler aufgelöst, wenn wir einander besser verstanden hätten?

Natürlich nicht. Wir verstanden uns ja: Ich wollte, daß er meine Autotür auf Garantie dauerhaft reparierte; er weigerte sich, weil er dies vom Hersteller nicht erstattet bekam. Wir hatten eine echte Meinungsverschiedenheit. Der Händler gab sogar zu: »David, Sie haben recht. Wenn Ihre Tür ständig abfällt, *sollte* sie kostenlos repariert werden.«

Doch für ihn spielte es keine Rolle, ob ich im Recht war oder nicht. Was zählte, war seine Abrechnung. Er verstand die Berechtigung meines Standpunkts. Dieses Verständnis reichte jedoch nicht aus, um das Problem aus der Welt zu schaffen.

Kann man eine echte Meinungsverschiedenheit mittels Tatsachen beilegen?

Landläufigen Weisheiten zufolge ja:	*Strategischer Kommunikation zufolge nein:*
Durch einen Streit soll geklärt werden, wer faktisch recht hat.	Oftmals wird durch einen Streit nur geklärt, wer hartnäckiger ist.

Die Wahrheit beseitigt alle Meinungsverschiedenheiten. Es zählt nur, ob Sie recht haben.	Die Wahrheit ist nur eine weitere Waffe im Kampf. Ob Sie recht haben, zählt unter Umständen überhaupt nicht.
Wenn die Tatsachen auf Ihrer Seite sind, setzen Sie sich durch.	Tatsachen reichen nicht aus, wenn Ziele gegeneinanderstehen.

Wir schalten um nach Coleman in Texas. Ein Sonntagnachmittag im Juli, 40°. Draußen tobt ein Staubsturm. Zum Glück sind Jerry und seine Frau drinnen im Haus mit ihren Eltern beim Dominospiel. Plötzlich schlägt ihr Vater vor: »Fahren wir doch zum Abendessen nach Abilene.«

Jerry denkt: »Was?? 53 Meilen fahren? In diesem Staub und dieser Hitze? In einem 1958er Buick mit Plastiksitzen und ohne Klimaanlage?«

Doch er spricht nicht aus, was ihm auf der Zunge liegt. Vielmehr wendet er sich an seine Frau und fragt höflich: »Liebes, was würdest denn *du* gern machen?«

Jerrys Frau lächelt: »Hört sich doch toll an! Mama?«

Mama haut in dieselbe Kerbe: »Natürlich will ich! Ich war schon lange nicht mehr in Abilene!«

Was also passiert? Diese vier Menschen, Angehörige der intelligentesten Lebensform dieses Planeten, quetschen sich freiwillig in ein nicht klimatisiertes Auto, um 106 Meilen durch eine gottverlassene Wüste mit der Temperatur eines Hochofens zu fahren.

Als sie sich vier Stunden später wieder in das Wohnzimmer schleppen, sind sie bedeckt mit einer Staubschicht, die der Schweiß zu Beton verfestigt hat.

»Ich glaube, jetzt sind wir alle ›gut durch‹. Haha!« wagt Jerry einen Scherz, um die Stimmung zu heben.

Schweigen.

Schließlich bricht es wütend aus Mama heraus: »Ich wünschte, wir wären hiergeblieben. Ich bin ja nur mitgekommen, weil ihr mich alle dazu gedrängt habt.«

Jerrys Frau schaut wie vom Donner gerührt: »Was meinst du mit ›ihr alle‹? Ich bin nur mitgekommen, weil Jerry und Papa fahren wollten.«

Jerry platzt heraus: »He, schieb die Schuld nicht auf mich! Ich bin doch euch zuliebe mitgekommen!«

Jetzt steigt Papa in den Ring: »Verdammt! Ich wollte doch überhaupt nicht gehen! Ich dachte, ihr langweilt euch hier. Mir hat das Dominospielen Spaß gemacht.«

Hätte sich dieses Problem aufgelöst, wenn diese Menschen einander besser verstanden hätten? Ganz sicher. Denn es bestand keine Meinungsverschiedenheit. Alle waren derselben Meinung, als die Idee des Ausflugs aufkam: Keiner *wollte* gehen. Doch alle behielten ihren Wunsch für sich, aus Höflichkeit.

Ergebnis: Alle glaubten, die anderen wollten gehen, also behaupteten alle, auch gehen zu wollen. Sie sagten alle ja, während in Wahrheit *keiner* gehen wollte. Das war ein kolossales Mißverständnis.

Lesen Sie zwischen den Zeilen. Selbst wenn Menschen sagen, was sie denken, selbst wenn sie sich absolut klar auszudrücken scheinen, selbst wenn oberflächlich gesehen nicht die geringste Wahrscheinlichkeit besteht, daß sich hinter dem Problem ein Mißverständnis verbirgt, ... kann trotzdem ein Mißverständnis dahinterstecken. Wie ist das möglich?

Betrachten wir ein Beispiel. Während des Vietnamkriegs

hielt ein Schwarzenführer in San Francisco eine Rede gegen die Vietnampolitik Präsident Nixons. Er rief aus: »We will kill Richard Nixon« (wörtlich: Wir werden Richard Nixon töten).

Klingt eindeutig, nicht wahr? Er drohte, den Präsidenten umzubringen. Dafür wurde er verhaftet und vor Gericht gestellt. Die Verteidigung behauptete jedoch, er sei unschuldig; die ganze Sache beruhe auf einem Mißverständnis. Hatte die Verteidigung recht? Hätte sich dieses Problem aufgelöst, wenn die Polizei ihn besser verstanden hätte?

Das Verfahren wurde aus formalen Gründen eingestellt; doch laut Aussage eines angesehenen Anthropologen der Universität von Kalifornien in Berkeley lautete die Antwort: Ja, in diesem Fall lag ein Mißverständnis vor.

Der Wissenschaftler berichtete, daß man die Schwarzen in der Region nach ihrem Gebrauch des Verbs *kill* befragt hatte. In ihren Antworten nannten sie fast ausschließlich Metaphern wie »he's killing me (with laughter)« (er bringt mich fast um vor Lachen), »kill it« (hör auf damit), »that killed him around here« (das machte ihn hier unschädlich oder unmöglich). Kein Befragter habe *kill* im Zusammenhang mit Töten verwendet.

Man fragte die Schwarzen auch, was sie sagen würden, wenn sie jemanden umbringen wollten. Wiederum antworteten sie mit bildlichen Ausdrucksweisen wie jemanden »auslöschen«, »von der Platte putzen« oder »um die Ecke bringen«.

Als der Redner davon sprach, Richard Nixon zu »töten«, meinte er, »ihn unschädlich machen«. Er hatte sich des lokalen Slangs bedient, der vom Standardenglisch abwich. Als sich der Redner später eine Videoaufzeichnung seiner Rede anschaute, räumte er ein: »Ich hab Mist gebaut.«

Sie mögen vielleicht einwenden, daß dieses Beispiel für die Unterscheidung zwischen Mißverständnis und echter Meinungsverschiedenheit sehr weit hergeholt sei. Aber wie könnten Sie in einem ähnlich heiklen Fall den Fehler vermeiden, den die Polizei mit ihrer Interpretation beging?

Halten Sie sich zum einen vor Augen, daß eine wörtliche Interpretation nicht immer die richtige ist. Bedenken Sie: Läßt eine wörtliche Deutung Fragen offen? Im geschilderten Fall lautet die offene Frage: Warum sollte jemand, der sich mit Mordabsichten gegen den Präsidenten trägt, dies öffentlich bekanntgeben? Dies hätte einen Hinweis darauf gegeben, daß man zwischen den Zeilen hätte lesen müssen, um diesen Redner richtig zu verstehen.

Interpretieren Sie zum anderen das, was die andere Person sagt, im Kontext ihres Kommunikationsstils, also der Art und Weise, wie sie sich normalerweise ausdrückt. Könnte es sein, daß sie eine andere Botschaft senden wollte als die, die Sie empfangen haben? Wenn Sie sich über kulturelle Grenzen hinweg auseinandersetzen müssen, brauchen Sie vielleicht den Rat eines Dritten, der die andere Kultur kennt.

Wenn jemand nicht verstehen will. Manche ziehen es jedoch auch vor, unklare Situationen unklar zu lassen. Sie fragen nicht: »Was meinen Sie damit?«, denn sie fürchten, wenn sie die eigentliche Botschaft verstünden, würde sie ihnen ganz und gar nicht behagen. Da bleiben sie lieber im Ungewissen und vermeiden es, der Realität ins Auge zu sehen.

Nehmen wir den Fall meiner Klientin Lisa, einer Managerin, die einen Assistenten einstellen mußte. Sie ackerte Bewerbungsunterlagen durch, führte Auswahlgespräche mit sieben Kandidaten und fand nur einen geeigneten Bewerber – einen Mann namens Jeff.

Sie rief ihn an, um ihn zu einem zweiten Gespräch zu bitten. Im Plauderton begann sie: »Ihren Unterlagen entnehme ich, daß Sie erst vor kurzem hierhergezogen sind.«

Jeff erwiderte: »Ja, vor zwei Monaten.«

»Und wie gefällt es Ihnen hier?«

»Also, die Stadt gefällt mir gut, doch die Arbeitszeit meiner Frau wirbelt unser Leben total durcheinander. Sie ist Krankenschwester und arbeitet abends – was bedeutet, daß ich unsere drei Kinder jeden Abend um fünf aus der Kindertagesstätte abholen und ihnen Abendessen machen muß.«

Lisa nickte verständnisvoll. »Mein Mann und ich hatten auch mal mehrere Monate lang unterschiedliche Arbeitszeiten. Jetzt arbeiten wir beide bis acht Uhr abends.«

Dann unterhielten sie sich über die Stelle. Jeff schien der perfekte Kandidat zu sein, und Lisa gab sie ihm.

Es vergingen keine sechs Wochen, und sie bedauerte diese Entscheidung.

Sie bestellte Jeff zu sich in ihr Büro und schloß die Tür. »Wir müssen über Ihren mangelnden Arbeitseifer sprechen.«

Jeff zeigte sich erstaunt. »Mangelnden Arbeitseifer?«

Lisa fuhr fort: »Sie gehen jeden Tag um 17 Uhr, egal wieviel Arbeit es gibt.«

Jeff protestierte: »Aber ich habe Ihnen doch gesagt, daß ich meine Kinder abholen und für sie kochen muß. Als Sie mich eingestellt haben, wußten Sie Bescheid, daß ich um fünf gehen muß.«

Lisa entgegnete: »Und ich habe *Ihnen* gesagt, daß ich bis acht Uhr arbeite. Sie sind mein Assistent, und ich brauche Sie hier. Schließlich geht es um Ihren *Job*. Die Arbeit kommt vor der Familie!«

Jeff wußte nicht, was er machen sollte.

Lisa im Grunde auch nicht. Sie rief mich an und wollte wissen: Sollte sie ein klärendes Gespräch mit Jeff über die Anforderungen seiner Arbeit führen? Ich sagte: »Das hängt davon ab, ob ein Mißverständnis oder eine echte Meinungsverschiedenheit vorliegt. Was haben Sie denn bezüglich der Arbeitszeit gesagt?«

Sie seufzte: »Ehrlich gesagt, habe ich das gar nicht so klar angesprochen. Ich wollte ihn unbedingt haben. Ich zögerte, die Arbeitszeit anzusprechen, weil ihn das vielleicht abgeschreckt hätte. Und er sprach das Problem auch nicht an, weil er die Stelle brauchte.«

Mit anderen Worten, beide beschlossen, sich um das Problem herumzudrücken und die Situation so zu interpretieren, wie es ihnen paßte. Jeff wollte davon ausgehen, daß er um fünf gehen konnte, und Lisa wollte davon ausgehen, daß er sich stillschweigend bereit erklärt hatte, bis acht zu arbeiten.

Also: Verschwände das Problem, wenn die beiden mehr Verständnis füreinander aufbringen würden?

Nein.

Gewiß, sie hatten einander mißverstanden – aber absichtlich. Doch selbst wenn sie sich aussprechen würden, könnten sie keine Übereinstimmung erzielen, weil sie sich von vornherein schon nicht einig gewesen waren. Beim Thema Arbeitszeit hatten sie eine echte Meinungsverschiedenheit, die bereits seit dem Bewerbungsgespräch bestand.

Manche Meinungsverschiedenheiten werden absichtlich im dunkeln gehalten

Ich hielt mich gerade zu einer Beratung bei einer Firma auf, als mich die Verkaufsleiterin beiseite nahm und erklärte:»Ich habe Probleme mit Dingler von der Produktion. Wir verstehen uns anscheinend nicht. Ich glaube, er sollte eine Schulung machen, damit er Zuhören lernt. Was meinen Sie dazu?«

Ich fragte sie:»Worin besteht das Problem?«

Sie erwiderte:»Dingler hört mir nicht zu.«

Ich fragte weiter:»Wissen Sie, *warum* er nicht zuhört?«

Sie überlegte einen Augenblick.»Er behauptet, weil ich ihn ständig beleidige.«

Ich hakte nach:»Wollen Sie ihn denn beleidigen?«

Sie nickte:»Manchmal schon. Wie gestern, als Dingler sich weigerte, den Produktionsablauf umzustellen, damit wir einen Termin für unseren größten Kunden halten konnten. Unseren *größten* Kunden! Ich konnte es einfach nicht fassen. Der Mann ist so blöde; wenn er ein Hirn hätte, würde er damit Fußball spielen. Ich habe ihm das auch gesagt.«

»Ich verstehe. Sagen Sie, welchen Grund nannte denn Dingler für seine Weigerung?«

»Er jammerte, daß ihm die Überstunden nicht bezahlt würden.«

Ich erklärte:»Er braucht kein Kommunikationstraining. Wenn Sie ihn wieder beleidigen, würde er Ihnen *trotzdem* kein Gehör schenken.

Das Problem liegt nicht darin, daß er nicht imstande ist zuzuhören. Dazu ist er durchaus fähig, wenn er will. Er weiß, wie das geht. Er *will* Ihnen nicht zuhören, weil Sie ihn angreifen. Und Sie attackieren ihn wegen seiner Einstellung zu Überstunden.

Sie verstehen sich sehr genau. Gerade weil Sie seinen Standpunkt verstehen, beschimpfen Sie ihn. Und weil er Ihre Beleidigungen versteht, ignoriert er Sie.

Wenn Sie ihn dazu bringen wollen, daß er auf Sie eingeht, müssen Sie den *Grund* dafür beseitigen, daß er nicht zuhört. Sie müssen aufhören, ihm auf die Zehen zu treten, und die echte Meinungsverschiedenheit mit ihm ausräumen. Wenn Sie das Problem der Überstunden lösen, wird auch die Kommunikationsstörung verschwinden: Sie haben nicht mehr das Bedürfnis, ihn anzupflaumen, und er behandelt Sie nicht mehr wie Luft.«

Die Verkaufsleiterin dachte darüber nach. »Ich verstehe Ihre Argumentation. Aber ich will das Problem der Überstunden nicht aufs Tapet bringen, weil Dingler dann verlangt, daß ich sie aus meinem Etat bezahle!«

Diese Managerin zog es vor, weiterhin von einem »Kommunikationsproblem« zu sprechen, weil sie es so vermeiden konnte, sich mit der echten Meinungsverschiedenheit auseinanderzusetzen und die Kosten der Überstunden übernehmen zu müssen.

Ihre Strategie entspricht genau der des Vorstandsvizechefs des Raketenbauunternehmens, dessen Mitarbeiter Tom Shackleberry sich über die Managergehälter beklagte. Virgil W. Grimm umging die Auseinandersetzung mit dieser echten Meinungsverschiedenheit auf dieselbe Weise – indem er sie als Kommunikationsproblem behandelte. Grimm behauptete, Shackleberry brauche »vollständige Aufklärung«.

Fünf Gründe, warum Meinungs-
verschiedenheiten getarnt werden

Es gibt mindestens fünf wichtige Gründe dafür, so zu tun, als lägen »Mißverständnisse« oder »Kommunikationsprobleme« vor und keine »Meinungsverschiedenheiten«.

1. Wenn man den Konflikt nicht eingesteht, kann man vielleicht vermeiden, sich diesem zu stellen. Darin lag die Grundvoraussetzung für Grimms Strategie. Wenn er den Konflikt zwischen Shackleberry und dem Management nicht einräumte, konnte letzteres es möglicherweise umgehen, sich damit auseinanderzusetzen.

2. Man glaubt, ein positiveres Bild nach außen abzugeben, wenn es nicht durch Konflikte getrübt scheint. Wenn andere wissen, daß Sie in Auseinandersetzungen verwickelt sind, glauben sie vielleicht, Sie seien als Mensch nicht angenehm. Sie werden vielleicht für das Problem verantwortlich gemacht. Um Ihren Ruf zu wahren, verbergen Sie daher vielleicht lieber die Tatsache, daß Sie und Ihre Frau eine echte Meinungsverschiedenheit haben. Eine echte Meinungsverschiedenheit in einer Ehe? Da könnte man doch genausogut sagen, daß es in der Ehe kriselt. Und das würde ein schlechtes Licht auf Sie beide werfen. So sagen Sie lieber: »Wir haben ein kleines Mißverständnis.« Wir streiten nicht, wir diskutieren. Wir verhandeln nicht, wir reden darüber.

3. Es kann wie Grobheit wirken, explizit zu erklären, daß eine Meinungsverschiedenheit besteht. Der andere könnte es übelnehmen, wenn Sie seinen Standpunkt offen in Frage stellen. Wenn Sie eine Konfrontation

herbeiführen und sich durchsetzen, verliert er möglicherweise das Gesicht. Es scheint deshalb viel höflicher, zu leugnen, daß Sie beide wirklich unterschiedliche Standpunkte haben, und Anzeichen davon als Mißverständnis abzutun.

4. Man verhehlt seinen abweichenden Standpunkt, um Ihnen und Ihrem Zorn den Wind aus den Segeln zu nehmen. Jimmy will mit seinen Freunden draußen spielen gehen. Seine Mutter trägt ihm auf, um sechs zum Abendesssen wieder zu Hause zu sein. Insgeheim ist Jimmy damit nicht einverstanden; er will bis Sonnenuntergang draußen bleiben. Doch er sagt kein Wort. Er bleibt vielmehr einfach länger weg – und spielt dann das Unschuldslamm: »Ehrlich, Mama! Ich war nicht absichtlich ungehorsam! Ich habe es mißverstanden! Ich dachte, du hättest *sieben* Uhr gesagt, nicht sechs!« Er denkt sich: »Mama kann doch nicht wegen eines unabsichtlichen Mißverständnisses auf mich böse sein!«

5. Man redet von einem »Mißverständnis«, wenn man Ihnen Mitschuld zuschieben will. Indem Jimmy behauptet: »Ich dachte, du hättest *sieben* Uhr gesagt, nicht sechs!«, versucht er nicht nur, den Zorn seiner Mutter abzuwehren. Er versucht auch, ihr Mitschuld an seiner Verspätung zuzuschieben. »Ich glaube, wir haben uns mißverstanden. Das nächste Mal müssen wir *beide* dafür sorgen, daß alles klar ist.« Als ob das, was seine Mutter gesagt hatte, ein Teil des Problems gewesen wäre.

Wie man eine echte
Meinungsverschiedenheit aufdeckt

Wenn Sie es mit jemandem zu tun haben, der einen vorhandenen Konflikt leugnen will, wird diese Person den Dissens mit keinem Wort erwähnen. Sie können zwar nachfragen: »Mißverstehen wir uns, oder sind wir verschiedener Meinung?«, aber Sie werden keine ehrliche Antwort erhalten. Bei der Unterscheidung beider Probleme helfen Ihnen folgende Fragen:

Stehen Ihre Ziele im Widerspruch zueinander? Hat die Gegenseite einen Grund, sich Ihren Wünschen zu widersetzen? Jimmy hatte mit Sicherheit ein Motiv, zu lange wegzubleiben: So konnte er länger mit seinen Freunden spielen.

Hat die Gegenseite einen Nutzen davon, wenn sie das Problem herunterspielt? Aus den fünf Gründen, weshalb Meinungsverschiedenheiten getarnt werden, ergeben sich folgende Fragen, die Sie sich stellen sollten:

- Möchte sich diese Person davor drücken, eine echte Meinungsverschiedenheit auszutragen?
- Vermittelt sie ein positiveres Bild von sich, wenn sie den Konflikt leugnet?
- Glättet sie die Wogen, um der Höflichkeit Genüge zu tun?
- Verhehlt sie ihren abweichenden Standpunkt, um Ihren Zorn zu besänftigen?
- Nennt sie die Sache ein »Mißverständnis«, um Sie implizit dafür mitverantwortlich zu machen?

Hat der andere schon früher abweichende Meinungen verheimlicht? Diese Frage lieferte Jimmys Mutter den entscheidenden Anhaltspunkt. Sie erkannte, daß sein Verhalten nach einem Muster ablief. Er behauptete regelmäßig, sie »mißzuverstehen«, wenn er etwas anderes wollte als sie – gleichgültig, ob es darum ging, rechtzeitig nach Hause zu kommen, die Spülmaschine zu leeren oder den Müll zur Tonne zu tragen. Das genügte, um bei ihr die Alarmglocke schrillen zu lassen; hinter dieser Unpünktlichkeit steckte offensichtlich mehr als ein Mißverständnis.

Wenn Sie zum ersten Mal mit jemandem zu tun haben und nicht sicher sind, wie Sie sein Verhalten deuten sollen, dann schlagen Sie nach auf Seite 126 unter *Wie finden Sie heraus, was im Kopf des anderen vorgeht?*

Liegt die Ursache des Problems in unzureichender Kommunikation?

Landläufige Weisheiten:	*Strategische Kommunikation:*
Es gibt keine Konflikte, nur unzureichende Kommunikation.	Bei einer echten Meinungsverschiedenheit findet häufig jede Menge Kommunikation statt.
Menschen, die sich nicht einigen können, verstehen einander nicht.	Menschen, die sich nicht einigen können, verstehen einander oft sehr gut – und hören genau aus diesem Grund auf, miteinander zu sprechen.
Unzureichende Kommunikation ist die Ursache aller zwischenmenschlichen Probleme.	Unzureichende Kommunikation ist häufig die *Auswirkung* des Problems, nicht die Ursache.

Wenn Sie hinter einem Problem eine echte Meinungsverschiedenheit erkennen, vermeiden Sie den fruchtlosen

Versuch, es durch mehr Verständnis lösen zu wollen. Wenn Sie erkennen, um welche Art Problem es sich handelt, finden Sie damit den richtigen Ansatz zu seiner Lösung. (Bei einem Mißverständnis müssen Sie für Aufklärung sorgen; bei einer echten Meinungsverschiedenheit müssen Sie eine Strategie entwickeln, um Ihren Kontrahenten zu überzeugen.)

Als nächsten Schritt auf dem Weg zu einer Lösung müssen Sie ein Ziel setzen. Aber nicht sich selbst. Sondern der Gegenseite.

Kernpunkte zur Anwendung des strategischen Schritts Nr. 1:
Stellen Sie fest, ob ein Mißverständnis oder eine echte Meinungsverschiedenheit vorliegt

1. Denken Sie daran, daß *mehr Verständnis nur dann hilft, wenn das Problem auf mangelndem Verständnis beruht.* Häufig ist unzureichende Kommunikation – etwa bei einer Redefalle – das *Ergebnis*, nicht die *Ursache*.

2. Fragen Sie sich: *»Würde das Problem sich auflösen, wenn wir einander besser verstünden?«* Wenn ja, liegt ein Mißverständnis vor; wenn nein, besteht eine echte Meinungsverschiedenheit.

3. Wenn die andere Seite eine echte Meinungsverschiedenheit verschleiert, dann versuchen Sie, dem mit Hilfe folgender Leitfragen auf die Spur zu kommen:
   - Haben Sie beide einander widersprechende Ziele?
   - Hat die Gegenseite einen Nutzen davon, das Problem herunterzuspielen? (Lesen Sie nochmals *Fünf Gründe, warum Meinungsverschiedenheiten getarnt werden.*)

- Hat diese Person abweichende Meinungen früher schon verheimlicht?
4. Hüten Sie sich vor der Methode »Wir können doch darüber reden«, die auf dem Glauben beruht, der andere werde sich Ihrem Standpunkt anschließen, wenn er Sie nur richtig versteht. Bei manchen Mißverständnissen mag diese Methode funktionieren, niemals jedoch bei einer echten Meinungsverschiedenheit.
5. Vermeiden Sie den Versuch, die Gegenseite umzustimmen. Dies ist einer der steinigsten Wege, um einen Streit beizulegen. Halten Sie sich vor Augen: *Menschen interpretieren Tatsachen lieber so um, daß sie zu ihrer vorgefaßten Meinung passen, als zuzugeben, daß sie sich im Irrtum befinden.*

Strategischer Schritt Nr. 2:
Planen Sie den nächsten Schritt des anderen voraus

Zur Entwicklung einer Strategie gehört es, ein Ziel zu setzen. Doch was die Zusammenarbeit mit Menschen angeht, so bringt uns die Art und Weise, wie wir Ziele zu setzen gelernt haben, nicht voran, sondern wirft uns eher zurück. Wir haben gelernt festzulegen, was *wir* tun wollen. Wir sollten uns aber zuerst darauf konzentrieren, zu was wir *die anderen* bewegen wollen.

Wie kommen Sie zu einer Gehaltserhöhung?

Der üblichen Ansicht zufolge durch Argumentieren, also durch Kommunikation. Sie sammeln Belege dafür, welch gute Arbeit Sie leisten, und machen Ihrem Chef augenfällig, daß Sie eine Gehaltserhöhung verdienen. Meine Studentin Marilyn ging die Sache auf diese Weise an. Ihre offizielle Stellenbezeichnung lautete »Sekretärin«, doch sie wollte dem Abteilungsleiter nach gründlicher Vorbereitung nachweisen, daß sie in Wirklichkeit die Arbeit einer Sachbearbeiterin verrichte und daß ihre Leistungen eine Gehaltserhöhung von sieben Prozent rechtfertigten.

Ihr Ableitungsleiter Mike hörte sie an und lächelte leise: »Marilyn, Sie leisten ausgezeichnete Arbeit. Sie wissen, daß ich Ihnen gern helfen würde. Ich gäbe Ihnen gern sieben Prozent mehr. Leider«, er seufzte und hob bedauernd die Schultern, »reicht mein Budget dafür nicht aus.«

»Aber ... aber ...« Marilyn führte mehrere Gegenargumente ins Feld.

Keines wirkte.

Wie betäubt verließ Marilyn sein Büro. Sie konnte beim besten Willen nicht ergründen, wie es hatte zugehen können, daß sie trotz einer solch überzeugenden Argumentation und trotz der *Zustimmung* Mikes, daß sie eine Gehaltserhöhung verdiene, an drei Worten gescheitert war: »Budget reicht nicht!« Wie konnte das nur geschehen? Was hatte sie falsch gemacht?

Es genügt nicht zu wissen, was man will

Marilyn ginge sicher fehl, sähe sie das Problem als Mißverständnis an. Sie war davon ausgegangen, daß Mike ihr eine Gehaltserhöhung bewilligen würde, wenn sie ihn mit den Tatsachen konfrontierte. Sie hatte jedoch einen anderen verbreiteten Fehler begangen: Marilyn wußte zwar, daß sie mehr Gehalt wollte, hatte sich jedoch nicht überlegt, was Mike *tun* sollte, um ihr zu einer Gehaltserhöhung zu verhelfen.

Was sollte er tun – seinen Vorgesetzten anrufen und sagen: »Wissen Sie noch, wieviel ich letztes Frühjahr für Gehaltserhöhungen eingeplant und ausgegeben habe? Ich habe mich leider etwas vertan. Kann ich einen Nachschlag für Marilyn bekommen?« Mike wollte bestimmt nicht unfähig erscheinen.

Was genau hätte er denn für sie tun sollen?

Sie nahm an, daß diese Frage nebensächlich sei. Sie setzte voraus, daß er, wenn er ihr mehr Gehalt geben wollte, schon *wissen* würde, was er zu tun hatte. Nun mußte

Marilyn jedoch feststellen, daß die Gegenseite manchmal nichts tut, wenn sie nicht weiß, was sie tun soll.

Also müssen *Sie* sich die Arbeit machen, ganz genau zu überlegen, was konkret die andere Seite unternehmen soll. *Je weniger Arbeit ihr überlassen bleibt, desto wahrscheinlicher ist es, daß sie sie ausführt.* (Natürlich dürfen Sie sie nicht im Befehlston vor den Kopf stoßen. Bringen Sie Ihr Anliegen mit Fingerspitzengefühl vor. Doch bevor Sie nicht genau wissen, was die Gegenseite für Sie tun soll, können Sie auch nicht gezielt auf sie einwirken.)

Ich sagte zu Marilyn: »Überlegen wir mal, was Mike tun könnte, um eine Gehaltserhöhung für Sie durchzusetzen. Verschaffen Sie sich einen Überblick, welche Möglichkeiten einem Manager in diesem Unternehmen offenstehen, um einem Mitarbeiter zu mehr Geld zu verhelfen.«

Die Woche darauf suchte sie mich wieder auf und berichtete: »Ich habe mit einer Freundin in der Personalabteilung gesprochen. Sie erklärte mir, daß die letzte Entscheidung nicht bei Mike liegt. Sein Chef muß sie billigen. Mike könnte aber beantragen, daß ich *neu eingestuft* werde. Wie Sie wissen, geht die Arbeit, die ich leiste, weit über meine Stellenbeschreibung als Sekretärin hinaus; in Wirklichkeit mache ich die Arbeit einer Sachbearbeiterin. Wenn ich entsprechend eingestuft würde, bekäme ich mehr Gehalt.«

Bingo. Marilyn hätte eine Neueinstufung verlangen sollen, keine Gehaltserhöhung. Nun meinen Sie vielleicht, Marilyns Problem bestünde darin, daß sie nicht wußte, was sie wollte. Doch das wußte sie genau. Sie wollte mehr Geld.

Ihr Problem bestand darin, daß sie nicht wußte, *was die andere Seite für sie tun sollte.*

Als ihr klar geworden war, daß Mike ihre Neueinstufung verlangen sollte, entsprach er ihrem Wunsch, sein Chef stimmte zu, und sie bekam ihre Gehaltserhöhung – sogar eine doppelt so hohe, wie sie verlangt hatte. Als Sachbearbeiterin verdiente sie 14 Prozent mehr.

Die Moral von der Geschichte? Strategischer Schritt Nr. 2: Planen Sie den nächsten Schritt des anderen voraus.

Was – *ganz konkret* – soll der andere tun?

Manchmal meinen Sie genau zu wissen, was der andere für Sie tun soll – doch in Wahrheit wissen Sie es nicht. Weil das, was die Gegenseite für Sie unternehmen soll, noch viel zu vage definiert ist.

Ich erläutere Ihnen das anhand eines Beispiels. Julia und Herb haben zusammen eine kleine Firma gegründet, doch seit kurzem befehden sie einander und drohen, sich gegenseitig zu verklagen. Julia erklärt, sie werde nicht klagen, wenn Herb »angemessene Anstrengungen macht, um eine rasche Einigung herbeizuführen«.

Moment mal. »Angemessene Anstrengungen, eine rasche Einigung herbeizuführen«? Was heißt denn das? Wenn Herb sich zu einer Unterredung bereit erklärt, aber nicht nachgibt, ist das »angemessen«? Und was bedeutet »rasch«? Wenn Herb diese Woche zu beschäftigt ist, aber einem Treffen in der nächsten Woche zustimmt, wäre das für Julia »rasch« genug?

Julia gesteht mir, sie wisse es nicht. Was sie sagt, ist vage, weil das, was sie denkt, vage ist. Bevor sie nicht für sich selbst herausgefunden hat, was sie konkret von Herb will, besteht wenig Hoffnung, daß sie ihn dazu bewegen kann.

Kein Wunder, daß bei keiner ihrer Besprechungen etwas Vernünftiges herauskommt.

Wir alle haben schon an Besprechungen teilgenommen, bei denen sich keiner der Beteiligten vorher genau überlegt hat, was er von den anderen will. Dann wird beispielsweise gefordert, die anderen sollten sich »konstruktiv verhalten« oder »ein Angebot machen«. »Ein Angebot machen«? Wenn die Gegenseite *irgendein* Angebot macht, wären Sie dann zufrieden? Welchen Vorschlag möchten Sie denn gern hören?

Werden Sie konkret. *Überlegen Sie vor der Besprechung: Was genau muß der andere tun, damit Sie Fortschritte erkennen?* Wenn Ihr Ziel glasklar vor Ihrem geistigen Auge steht, können Sie strategisch darüber nachdenken, wie Sie die Gegenseite anpacken.

Doch wenn alle Beteiligten den Konferenzraum ohne klares Ziel betreten, was kommt dann dabei heraus? Meistens jede Menge Chaos und Frust.

Jemand schaut Sie an und ruft aus: »Nun *sagen* Sie mir es doch! *Was* verlangen Sie denn eigentlich von mir??!« Und weil Sie das nicht wissen, hören Sie sich sagen: »Äh, also, was schlagen *Sie* denn vor?« Die Frage, was denn nun zu tun sei, wird zur heißen Kartoffel, die sich alle gegenseitig zuwerfen, weil *keiner* eine Ahnung hat, was zu tun ist. Kein Wunder, daß uns Reden nicht weiterbringt. Kein Wunder, daß solche Besprechungen als reine Zeitverschwendung gelten.

Das Ich-bin-der-Nabel-der-Welt-Syndrom

Daß es Ihnen nützt, den nächsten Schritt des anderen vorauszuplanen, liegt auf der Hand. Dennoch vermeiden wir es instinktiv.

Warum?

Einer meiner Klienten, ein Rechtsanwalt, erklärt: »*Ich* tue, was *meine* Partei will. Ich zerbreche mir doch nicht den Kopf für die Gegenseite!«

Wir Menschen folgen einem Naturgesetz: Wenn wir unter Druck geraten und emotional in ein Problem verstrickt sind, sind nur noch wir selbst wichtig. Regen wir uns über die andere Person auf, verspüren wir wenig Lust, sie auch nur zur Kenntnis zu nehmen. Wir denken nicht daran, für sie zu planen. Es fällt uns nicht mal im Traum ein. Wir konzentrieren uns ganz auf uns selbst und darauf, was *wir* tun werden.

Das ist genau der Fehler, den Jack beging, als seine Frau sich von ihm trennte.

Sie rief ihn einige Tage, nachdem sie ihn verlassen hatte, an und schlug ihm vor, sich in einem Café zu treffen, um noch einmal über alles zu reden. Jack dachte im vorhinein viel über dieses Treffen nach. Er erzählt: »Ich wußte, daß ich kalt und abweisend sein wollte, um ihr zu zeigen, daß ich sie nicht brauchte.« Ergebnis: sie nahm ihn als kalt und abweisend wahr, schloß daraus, daß er sie nicht brauchte, und reichte schließlich die Scheidung ein.

Sie tat das Gegenteil von dem, was er wollte, weil er zu sehr damit beschäftigt war, eine Fassade vorzuzeigen, die seinem Stolz Genüge tat, als daß er sich darüber klar geworden wäre, was er eigentlich von seiner Frau wollte.

Der Schlachtruf lautet: »Dem / Der werde ich es zeigen!«

Doch dieses »Zeigen« ist völlig sinnlos, wenn »der / die« danach nicht etwas für Sie *tut*.

Wenn Sie auf jemanden einwirken möchten, ist Ihr Ziel nicht, in Ihren Gefühlen zu schwelgen, sondern Ergebnisse zu zeitigen. Eine Fassade, sei sie abweisend oder liebenswürdig, ist nur dann nützlich, wenn sie Ihnen hilft, Ihr Ziel zu erreichen. Verlieren Sie Ihr Ziel nicht aus den Augen. Ihr Ziel ist, daß *der andere* etwas tut.

Wenn Sie sich mit einem zwischenmenschlichen Problem herumschlagen müssen, stellen Sie sich vermutlich zuerst die Frage: »Was soll *ich* tun?« Doch um auf einen anderen einzuwirken, müssen Sie sich eine andere Frage stellen, nämlich: »Was soll der *andere* tun?«

Versuchen Sie also nicht gleich, wenn die andere Person den Raum betritt, sich aufzubauen oder die richtige Einstellung zu demonstrieren. Eins nach dem anderen. Sie müssen erst wissen, was die andere Person konkret für Sie tun soll. Denken Sie daran: Der nächste Schritt, den *Sie* machen sollten, hängt von dem nächsten Schritt ab, den der *andere* machen soll.

Wählen Sie den richtigen Ansprechpartner

Man beachte, daß ich von »dem anderen«, nicht von »dem Unternehmen« oder »der anderen Seite« spreche. Das ist kein Zufall. Die strategische Kommunikation wurde zwar schon erfolgreich bei Problemen in großen Institutionen angewandt, doch Sie können sich viel Ärger einhandeln, wenn Sie versuchen, auf alle, die im selben Raum versammelt sind, auf einmal einzuwirken – selbst wenn alle derselben Organisation angehören!

In komplizierten Fällen kann es sein, daß einige derjenigen, die Ihnen gegenübersitzen, miteinander verfeindet sind, und wenn Sie etwas äußern, was der eine begrüßt, erregen Sie damit das Mißfallen des anderen. Wenn Sie etwas Derartiges befürchten, empfiehlt es sich, immer je eine Zielperson ins Visier zu nehmen und eine Strategie zu entwickeln, die auf diese zugeschnitten ist. Sie können sich trotzdem entschließen, alle Zielpersonen etwa im selben Zeitraum anzusprechen; doch wenn Sie sich eine nach der anderen vornehmen, gehen Sie der komplizierten Dynamik einer großen Gruppe aus dem Weg.

Nun meinen Sie vielleicht, in Ihrer besonderen Situation stünde es außer Frage, mit wem Sie sich auseinanderzusetzen haben. Das dachte auch Marilyn. Sie glaubte, nur ihr Chef sei der richtige Ansprechpartner.

Doch damit irrte sie sich. Bevor Marilyn an ihn herantreten konnte, mußte sie sich zuerst bei ihrer Freundin in der Personalabteilung erkundigen, auf welchem Weg man in diesem Unternehmen zu einer Gehaltserhöhung kam.

Selbst wenn Ihr Problem nur Sie selbst und die Person, auf die Sie einwirken wollen, zu betreffen scheint, müssen Sie möglicherweise mit jemandem anderen reden - etwa um Rückendeckung zu bekommen oder, wie in Marilyns Fall, Information. Daraus folgt, daß der beste Ansprechpartner nicht immer der nächstliegende ist.

Nehmen wir einmal an, Sie müssen einen Anzug zurückgeben, den Sie gestern gekauft haben. Nur hängt ein Schild in dem Laden, auf dem zu lesen steht: »Keine Rückzahlung, kein Umtausch, unter keinen Umständen«. Sie fassen die Verkäuferin hinter der Theke ins Auge. Diese ist doch die naheliegende Ansprechpartnerin, nicht wahr?

Wenn ich meinen Studenten diese Aufgabe stelle, versuchen sie, auf die Verkäuferin einzuwirken.

Sie erreichen nichts.

Die Verkäuferin kann keine Ausnahme von den Geschäftsprinzipien machen. Sie würde ihren Arbeitsplatz riskieren. Sie kann nur auf das erwähnte Schild zeigen. Mehr steht nicht in ihrer Macht. Ihre Aufgabe besteht darin, Sie zu entmutigen.

Geben Sie sich nicht mit jemandem ab, der nur nein sagen kann. Finden Sie heraus, wer die Macht hat, ja zu sagen.

Zwei Regeln für die Wahl Ihres Ansprechpartners. Die Person, an die Sie sich wenden, muß *einflußreich* genug sein, um Ihnen zu dem zu verhelfen, was Sie wollen, und *empfänglich* genug, um Sie anzuhören. *Einflußreich* und *empfänglich*. Das sind Ihre beiden Kriterien für die Auswahl der richtigen Person.

Wenn sie einen einflußreichen und empfänglichen Ansprechpartner suchen, dann halten Sie sich vor Augen:

- *Wer trifft die letzte Entscheidung?* (In Marilyns Fall war es Mikes Chef.)
- *Auf welche Berater oder Beistände stützt sich diese Person?* (Mikes Chef vertraute auf die Empfehlungen von Marilyns Chef Mike. Mike hielt sich an die Personalabteilung, die vorgab, wie Gehaltserhöhungen zu erfolgen hatten.)
- *Wer sieht die Lage so wie Sie?* (Mike stand auf Marilyns Seite, ebenso ihre Freundin in der Personalabteilung.)
- *Mit wem können Sie gut zusammenarbeiten?*

Wenden wir nun die beiden Kriterien für die Wahl des richtigen Ansprechpartners – einflußreich und empfänglich – auf eine andere Situation an:

Seit sechs Jahren wohnen Sie Tür an Tür mit Ihrem Nachbarn Henry. Sie treffen ihn alle paar Monate auf Nachbarschaftsparties, gemeinsam mit seiner Schwester Henrietta, die ständig zu Besuch bei ihm ist. Bei diesen Gelegenheiten haben Sie beobachtet, daß die beiden sich sehr nahestehen und daß er offenbar viel auf ihre Meinung gibt. Sie haben zudem festgestellt, daß Henry ein glühender Umweltschützer ist. Er gehört einer Gruppe namens Stadtwaldfreunde an, die zur Verschönerung der Gemeinde überall Bäume pflanzt. Seine Schwester hält ihn für einen Idealisten; sie belächelt seine Aktionen, beteiligt sich aber nie daran.

Nun macht Ihnen seit einiger Zeit die prächtige Eiche in Henrys Garten Kopfzerbrechen. Der Baum breitet seine ausladenden Äste nicht nur über das Dach seines Hauses, sondern auch über Ihres, und bei dem Glück, das Sie immer haben, werden diese Äste beim nächsten Sturm bestimmt brechen und Ihr Haus beschädigen. Henrys Baum muß weg. Sie sehen ihn eines Sonntags bei der Gartenarbeit und denken: »Warum gehe ich jetzt nicht einfach zu ihm hinüber und rede mit ihm über seinen Baum?«

Warum nicht? Er ist die *falsche Person*, darum nicht.

Sicher, der Baum ist sein Eigentum, und er ist der naheliegendste Ansprechpartner. Sie wissen aber, daß Henry unnachgiebig für den Schutz von Bäumen eintritt. Das Ansinnen, den Baum *zurückzustutzen*, wird er also weit von sich weisen. Für ihn wäre das die Zerstückelung eines lebenden Wesens. Henry erfüllt zwar das Kriterium *einflußreich* – schließlich trifft er hier die letzte Entscheidung –, doch er dürfte für Ihren Wunsch nicht *empfänglich* sein.

Seine Schwester dagegen ist wahrscheinlich *einflußreicher* bei Henry und *empfänglicher* für Ihre Befürchtungen. Mög-

licherweise teilt sie sie sogar. Vielleicht sorgt sie sich ebenfalls wegen der Äste, die über Henrys Haus hängen. Und
Sie haben beobachtet, daß sie großen Einfluß auf ihn ausübt. Daher beschließen Sie, sie auf der nächsten Nachbar-
schaftsparty anzusprechen.

In diesem Zusammenhang noch eine Warnung: manchmal
gibt es einen offiziellen Vertreter und damit die Erwartung, daß Sie sich an diesen wenden. Wenn Sie diese Person übergehen, können Sie sich einen mächtigen Gegner
schaffen.

Doch was tun, wenn sich dieser Repräsentant weigert, Ihnen zu helfen? Geben Sie nicht gleich auf. Vielleicht kann
einer Ihrer Freunde Kontakt zu einer anderen Person in
der betreffenden Organisation aufnehmen, dann schaffen
zumindest *Sie* sich keinen Feind. Vielleicht finden Sie aber
auch jemanden, der an Ihrer Stelle auf den Repräsentanten
einwirken kann.

Schätzen Sie realistisch ein, was der andere zu tun willens und imstande ist

Sylvia ist sieben Jahre alt und spielt gern Lehrerin. Sie holt
ihre Tafel hervor und schreibt das Wort *Katze* darauf. Dann
drängt sie ihre dreijährige Schwester Alice, auch *Katze* zu
schreiben. Alice beginnt zu weinen.

Sylvia schreit: »Du gibst dir nicht genug Mühe!«

Ihre Mutter nimmt Sylvia beiseite und erklärt ihr: »Alice
kann das Wort *Katze* nicht schreiben. Ihr Gehirn ist noch
nicht so weit entwickelt, daß sie Buchstaben schreiben
kann. Das hat nichts mit sich Mühe geben zu tun. Das Gehirn muß genauso wachsen wie der Körper. Glaubst du,

daß Alice, als sie sechs Monate alt war, hätte laufen können, wenn sie es nur versucht hätte?«

Sylvia erwidert: »Natürlich nicht, sie war noch nicht soweit.«

Ihre Mutter sagt: »Genau. Und jetzt ist ihr Gehirn noch
nicht reif fürs Schreiben. Aber weil du ihr Gehirn nicht
sehen kannst, kannst du nicht wissen, daß es noch nicht
soweit ist.«

Unsere Bemühungen, Einfluß auf andere auszuüben,
schlagen oft fehl, weil wir etwas von ihnen verlangen, zu
dem sie nicht reif oder fähig sind. Manchmal ist das
Hemmnis körperlicher Art, manchmal geistiger. Zuweilen
liegt es in mangelndem Können, zuweilen in mangelndem
Willen. Doch diese fehlende Fähigkeit oder Bereitschaft
liegt nicht immer auf der Hand. Daher bemerken wir sie
nicht, ähnlich wie Sylvia.

Die Grenze des anderen zu erkennen ist entscheidend,
wenn man einen realistischen Schritt für diesen planen
will. Die Methode zur Abschätzung dieser Grenze, die wir
gelernt haben, hat jedoch einen Haken. Es gibt nämlich
einen Unterschied zwischen dem, was die andere Person
im Augenblick tun kann, und dem, was sie vielleicht letztendlich tun würde.

Konzentrieren Sie sich auf die *unmittelbare Grenze* des anderen, nicht auf seine äußerste. Angenommen, Sie haben
Ihr Haus für 750 Dollar pro Monat an Rhoda vermietet.
Rhoda hat in den vergangenen fünf Jahren 750 Dollar im
Monat bezahlt. Jetzt möchten Sie die Miete auf 1000 Dollar erhöhen, aber Rhoda sträubt sich. Sie wissen, daß Sie
sich jetzt einen realistischen nächsten Schritt für Rhoda
ausdenken müssen. Doch wie sollen Sie ermessen, was
realistisch ist?

Die lehrbuchmäßige Standardantwort lautet: Sie müssen feststellen, wo Rhodas »äußerste Grenze« liegt – die höchste Miete, die sie für Ihr Haus zu zahlen bereit ist. Ihre äußerste Grenze definiert das Höchstmaß dessen, was sie zu tun willens und imstande ist, um Sie zufriedenzustellen. Nehmen wir an, Sie gelangen zu der Einschätzung, daß Rhoda 950 Dollar bezahlen könnte. Demnach wäre ein realistischer Schritt für sie, 950 Dollar zu bezahlen … stimmt's?

Nicht unbedingt.

Bedenken Sie, Rhodas äußerste Grenze ist das Höchstmaß dessen, was sie *letztendlich* für Sie tun könnte. Letztendlich ist sie vielleicht mit 950 Dollar einverstanden. Aber vermutlich nicht *unmittelbar jetzt*. Sie ist gewohnt, 750 Dollar zu bezahlen, und sie hält das für fair. Eine Erhöhung von 200 Dollar jetzt gleich zu akzeptieren stellt für Rhoda einen zu großen Schritt zu einem frühen Zeitpunkt dar.

Sie müssen Rhodas *unmittelbare Grenze* berücksichtigen – das Höchstmaß dessen, was sie *im Augenblick* für Sie zu tun willens und in der Lage ist. Vielleicht ist Rhoda im Augenblick nur dazu bereit, mit Ihnen gemeinsam anhand des Mietspiegels oder von Anzeigen für ähnliche Objekte die marktübliche Miete für vergleichbare Häuser zu ermitteln.

Wenn sie sich überzeugen kann, daß es keine ähnlichen Häuser für weniger als 950 Dollar gibt, und wenn sie einsieht, daß eine Mieterhöhung überfällig ist, *dann* mag sie bereit sein, 950 Dollar in Betracht zu ziehen. Doch bevor sie dahin kommt, muß sie – im übertragenen Sinn – mehrere kleinere Schritte tun.

Was Sie riskieren, wenn Sie sich auf die äußerste Grenze des anderen versteifen. Sie dürfen nicht erwarten, daß jemand einen Schritt tut, der ihm vielleicht letztendlich möglich ist, zum gegenwärtigen Zeitpunkt aber *un*möglich. Nehmen wir an, Rhoda ist im Augenblick nicht mit einer Erhöhung einverstanden. Ihre unmittelbare Grenze liegt bei einem gemeinsamen Anzeigenvergleich.

Wenn Sie sie weiter bedrängen, jetzt gleich 950 Dollar pro Monat zu akzeptieren, zieht sie vielleicht aus.

Darin liegt die Gefahr, wenn man sich auf die äußerste Grenze des anderen versteift: Wenn Sie jetzt zuviel fordern, stellt sich der andere stur und bewegt sich überhaupt nicht mehr.

Ein verbreiteter Fehler liegt darin, alles auf einmal durchsetzen zu wollen. Bei einem Vortrag vor ausländischen Managern, den ich an der Universität von Kalifornien in Berkeley hielt, schlug einer der Zuhörer vor: »Wenn Sie wollen, daß Rhoda mit 950 Dollar im Monat einverstanden ist, sollten Sie erst einmal 1200 Dollar verlangen!« Seiner Meinung nach soll man mehr fordern, als man eigentlich will, um Spielraum für einen Kompromiß zu bekommen.

Diese Strategie übersieht Rhodas unmittelbare Grenze. Rhoda ist nicht bereit, im Augenblick *überhaupt* eine Erhöhung in Erwägung zu ziehen. Ihre unmittelbare Grenze liegt bei einem Anzeigenvergleich.

Wenn Sie sich über diese Tatsache hinwegsetzen und sich auf Rhodas äußerste Grenze versteifen, werden Sie gar nichts erreichen, außer vielleicht sie zu verärgern.

Setzen Sie Ihr Ziel bei der unmittelbaren, nicht bei der äußersten Grenze der anderen Person. Sie sollten versuchen, sie dazu zu bewegen, daß sie das Höchstmaß dessen für Sie tut, zu dem sie *im Augenblick* willens und imstande ist.

Sie können das Unmögliche erreichen ... nicht wahr?

Landläufige Weisheiten:	Strategische Kommunikation:
Alles ist möglich, wenn Sie *glauben*, daß es möglich ist.	Wenn Sie Unmögliches verlangen, bleibt es immer noch unmöglich.
Wo ein Wille ist, da ist auch ein Weg.	Wenn Sie sich über den Willen des anderen hinwegsetzen, kämpft er vielleicht unausgesetzt gegen Sie.
Greife nach den Sternen.	Erkennen Sie die Realitäten an.

Wie man die unmittelbare Grenze des anderen erkennt

Wenn Sie sich Klarheit über die unmittelbare Grenze einer Person verschaffen möchten, können Sie sich einfach fragen:»Was ist das Äußerste, zu dem ich sie im Augenblick bewegen kann?« Fällt es Ihnen jedoch schwer, eine Antwort auf diese Frage zu finden, können Sie eine der drei folgenden Methoden anwenden:

Ergründen Sie die Ansichten des anderen. Das Äußerste, das jemand für Sie zu tun bereit ist, hängt von seinen für die Situation wichtigen Ansichten, Einstellungen und Überzeugungen ab. Wieviel glaubt *der andere*, zum jetzigen Zeitpunkt für Sie tun zu sollen? (Das nächste Kapitel beschreibt sieben Methoden, mit denen Sie die Ansichten der Gegenseite ergründen können.)

Testen durch Druck. Das ist die direkteste Methode, um zu ermessen, wie groß der Schritt ist, zu dem Sie jemanden bewegen können. Sie machen einen Vorschlag oder beziehen Stellung und warten ab, ob der andere sich bewegt. Wenn er sich strikt weigert, wissen Sie, daß Sie an seine unmittelbare Grenze gestoßen sind.

Testen durch Druck kann ein sehr nützliches Instrument sein, wenn Sie beispielsweise versuchen, Ihren Mann dazu zu bringen, daß er die Garage aufräumt. Beim Frühstück, während er seine Cornflakes mampft, schneiden Sie das Thema an. Sie beginnen, indem Sie konstatieren: »Die Garage muß aufgeräumt werden.«

Zwischen zwei Löffeln pflichtet er Ihnen bei: »Ja, stimmt.«

Aha! Sie haben ihn dazu gebracht, daß er *zugibt*, daß die Garage saubergemacht werden muß! Das ist an sich schon eine Leistung.

Dann schlagen Sie vor: »Was hältst du davon, all die alten Zeitschriften wegzuschmeißen, die du bestimmt nicht mehr liest? Etwa die ganzen Stapel Computerzeitschriften, die mehr als zehn Jahre alt sind?«

Er stimmt zu: »Ja, ich glaube, ich sollte mir die mal vornehmen ... irgendwann.« Er schüttet sich Cornflakes nach.

Sie lassen nicht locker: »Und was ist mit den 20 Autobatterien, die noch von damals, als du den VW zu einem Elektroauto umbauen wolltest, in der Garage rumstehen?«

Er nickt: »Ach ja. ich glaube, die meisten von denen sind jetzt sowieso leer. Oder es läuft Säure aus. Ich sollte sie entsorgen ... irgendwie.«

Sie strahlen: »Prima! Dann kannst du ja heute nachmittag damit anfangen!«

Er protestiert: »Aber ... aber ... [tiefer Seufzer] ... okay.«

»Und wenn du schon dabei bist, kannst du gleich noch dein altes verschwitztes Football-Trikot von der High School wegschmeißen!«

»Nein!« Er knallt den Löffel auf den Tisch. »Jetzt gehst du *zu weit*! Ich habe den Meisterschaftspunkt in diesem Trikot gemacht, und ich werde es nicht wegwerfen!«

Sie haben ihn gerade dazu gebracht, einen Schritt nach dem anderen zu tun, doch jetzt haben Sie seine unmittelbare Grenze entdeckt.

Also geben Sie nach: »Ist ja gut, wir können das verschwitzte Trikot erst mal behalten. Aber ... könnten wir es nicht waschen?«

Er seufzt: »Okay, ich glaube schon.«

Der Trick beim Testen durch Druck ist der: Sie müssen einen Rückzieher machen, sobald Sie an die unmittelbare Grenze des anderen stoßen. Wenn Sie weiter in ihn dringen und reizen, verscherzen Sie es sich vielleicht ganz.

Wie merkt man, daß man sich der unmittelbaren Grenze des anderen nähert? Gibt es eine Methode, die Sie warnt, damit Sie nicht zu weit gehen? Gibt es.

Auf kommunikative Signale achten. Menschen senden Signale, mit denen sie Ihnen offen oder versteckt mitteilen, was sie für Sie zu tun bereit sind und wann ihre unmittelbare Grenze erreicht ist. Wenn Ihr Mann ausruft: »Jetzt gehst du *zu weit*!« dann ist das ein ziemlich deutliches kommunikatives Signal, daß Sie an seine Grenze gestoßen sind.

Menschen senden diese Signale jedoch nicht nur durch das, was sie sagen, sondern auch dadurch, wie sie es sagen – durch Stimmlage, Betonung, Körpersprache, Sprechtempo und Lautstärke. Jedes dieser Elemente kann signalisieren, ob die Person bereit ist, das zu tun, was Sie wollen.

Wenn Sie anfangen, auf diese kommunikativen Signale zu achten, werden Sie merken, daß sie in allen unseren Interaktionen eine Rolle spielen. Unausgesetzt signalisieren Menschen, was sie tun wollen. Im folgenden Beispiel können Sie einige dieser Signale erkennen:

Es ist 16 Uhr. Susan sitzt an ihrem Schreibtisch und brütet über Papieren. Ihr Kollege Tim geht zu ihr. Er sagt:»Ich habe gerade diesen Bericht fertiggestellt. Könntest du ihn mal durchsehen?«

Sie blickt auf.»Tut mir leid, Tim, ich stecke grade bis über die Ohren in Arbeit. Ich muß eine Analyse schreiben.«

Er drängt sie:»Ich muß diesen Bericht morgen früh vorlegen und brauchte deine Hilfe wirklich sehr.«

Susan deutet auf die Papiere auf ihrem Schreibtisch.»Sieh mal, ich würde dir ja gern helfen. Aber ich habe jetzt grade wirklich zuviel zu tun.«

Er bleibt hartnäckig.»Ach, komm schon. Kannst du nicht mal fünf Minuten für mich opfern?«

Sie wiederholt:»Es tut mir leid, jetzt ist einfach ein ungünstiger Zeitpunkt.«

Nun versucht er es so:»Ich würde dich ja nicht belästigen, wenn du nicht neulich bei der Besprechung gesagt hättest, wir müßten als Team zusammenarbeiten.«

Sie seufzt:»Oh, das stimmt. Das hab ich gesagt, nicht wahr?«

Er lächelt:»Ja, das hast du.«

In diesem kurzen Dialog wimmelt es nur so von kommunikativen Signalen. Susan sendet anfangs zahlreiche Signale, daß sie nicht gewillt ist, das zu tun, was Tim will. Sie sagt: »Es tut mir leid ... ich stecke bis über die Ohren in Arbeit«, und wiederholt, sie habe zuviel zu tun. Doch dann verschiebt sich plötzlich ihre unmittelbare Grenze ein Stück weiter. Susan erkennt: »Hoppla! Ich habe diese Bemerkung über Teamarbeit tatsächlich gemacht! Wenn ich mich jetzt nicht danach richte, wird er mich das ewig spüren lassen!« Sie gibt diese Veränderung, möglicherweise unbewußt, durch ein weiteres kommunikatives Signal zu erkennen – sie seufzt und räumt ein: »Das hab ich gesagt, nicht wahr?«

Dies ist ein *strategischer Moment* – der Augenblick, in dem die Bereitschaft oder Fähigkeit des anderen, das zu tun, was Sie wollen, zunimmt.

Doch wie die meisten Menschen weiß Tim nicht, daß er nach einem kommunikativen Signal oder einem strategischen Moment Ausschau halten sollte. Wüßte er dies, ergriffe er die Gelegenheit beim Schopf und bestärkte Susan in ihrer nun größer gewordenen Kooperationsbereitschaft. Er könnte ihr Unterstützung bei ihrer Aufgabe anbieten oder ihr etwas zu essen bestellen, falls sie Überstunden machen muß.

Doch Tim sieht die Bresche nicht einmal. Er haut weiter in dieselbe Kerbe und drängt Susan: »Und wenn ich dir den Bericht einfach auf deinem Schreibtisch liegenlasse ...?« Jetzt reagiert sie ungehalten: »Tim, ich hab dir doch schon gesagt, daß jetzt ein ungünstiger Zeitpunkt ist!«

Tims Gerede bringt ihm nichts ein, denn er hat sich, wie Susan mir später erzählt, »unsensibel« verhalten – sein Vorgehen ihr gegenüber war *nicht strategisch*. Sogar als sie ihm signalisiert, daß ihr Entschluß zu wanken beginnt, versteht er diesen Hinweis nicht! Und so verpaßt Tim die Gelegenheit, sich ihrer Mithilfe zu versichern. Wie viele strategische Momente verstrich auch dieser rasch und ungenutzt.

Susans Signal, daß ihre Abwehr bröckelt, mag subtil scheinen, aber andererseits sind das viele kommunikative Signale. Kaum jemand tritt vor und verkündet lauthals: »Mein Standpunkt hat sich geändert!« Je besser Sie die Kommunikationsgewohnheiten des anderen kennenlernen, desto besser werden Sie seine kommunikativen Signale zu deuten wissen. Jemand, der Sie anzuschreien scheint, ist vielleicht gar nicht aufgebracht; möglicherweise spricht er immer in diesem Ton. Auf der anderen Seite erhebt vielleicht jemand mit einem zurückhaltenderen Kommunikationsstil seine Stimme nur ganz wenig, um zu signalisieren, daß ihm gleich der Geduldsfaden reißt und Sie an seine unmittelbare Grenze gestoßen sind. Den Kommunikationsstil anderer Menschen verstehen zu lernen ist ganz entscheidend, weil ein Großteil aller kommunikativen Signale indirekten Charakter hat.

Betrachten wir beispielsweise eine typische Tarifverhandlung zwischen Gewerkschaften und Arbeitgebern. Einer Forderung von fünf Prozent steht ein Angebot von zwei Prozent gegenüber.

Die Gewerkschaftsführerin denkt laut: »Selbst wenn ich mich mit Ihnen über die Höhe verständigen sollte, müßten wir uns immer noch über die Gültigkeitsdauer des Tarifvertrags einigen – ob zwei Jahre oder drei.«

Glücklicherweise erkennt der Unterhändler der Arbeitgeber dieses kommunikative Signal, weil es einen strategischen Moment markiert. Die Gewerkschaftsführerin deutet an, daß sie bei der Lohnhöhe kompromißbereit ist, *wenn* die Arbeitgeber eine dreijährige Vertragsdauer akzeptieren. Dies ist eine verbreitete Taktik zur Wahrung des Gesichts: Man deutet an, daß man zu einem Entgegenkommen bereit ist, wenn es die andere Seite auch tut; weigert sie sich jedoch, leugnet man, eine derartige Andeutung gemacht zu haben; man bekräftigt seine ursprüngliche Position und erscheint so standfest wie eh und je.

Der Arbeitgebervertreter erwidert: »Nun, ein Dreijahresvertrag könnte eine Möglichkeit sein ... Schaun wir mal ...«

Die Einstellungen und Überzeugungen von Menschen ändern sich im Hin und Her des Austauschs, und diese Änderungen sind häufig von kommunikativen Signalen begleitet. Gewöhnen Sie sich also an, nach solchen Hinweisen Ausschau zu halten. Clevere Kinder warten auf einen strategischen Moment, in dem Mama oder Papa gut gelaunt sind, bevor sie um eine Vergünstigung bitten.

Je mehr Sie auf die kommunikativen Signale achten, die eine Person aussendet, desto feinfühliger werden Sie für Verschiebungen ihrer unmittelbaren Grenze.

Nutzen Sie alle drei Techniken. (Hier nochmals die drei Methoden zur Abschätzung der unmittelbaren Grenze: *Ergründen der Ansichten der anderen Person, Testen durch Druck* und *Auf kommunikative Signale achten.*)

Wenn Sie mit Hilfe einer dieser Methoden eine unmittelbare Grenze ermittelt zu haben glauben, dann überprüfen Sie Ihre Schlußfolgerung mittels der beiden anderen Methoden. Wenn Sie mit verschiedenen Methoden zu ähnlichen Einschätzungen gelangen, sind Sie wahrscheinlich auf der richtigen Spur.

Wenn Sie sich an eine unmittelbare Grenze herantasten, sollten Sie sich vor Augen halten, daß Sie bestenfalls zu einer guten Schätzung kommen können. Behandeln Sie diese als revisionsbedürftige Hypothese, nicht als erhärtete Tatsache. Bleiben Sie offen für neues Beweismaterial, das Ihre Theorie widerlegen könnte.

Sie haben vielleicht vermutet, daß Ihr Mann bereit sei, sich von dem verschwitzten Football-Trikot zu trennen. Doch weil Sie offen sind für den Gedanken, daß Sie sich irren können, merken Sie, daß Sie seine unmittelbare Grenze falsch eingeschätzt haben, und können Ihre Strategie entsprechend anpassen.

Seien Sie realistisch, nicht optimistisch

Diese Philosophie richtet sich gegen die verbreitete »Nichts-ist-unmöglich«-Einstellung, der zufolge es immer einen Weg gibt, auch wenn etwas angeblich nicht zu bewerkstelligen ist.

Dieser Optimismus kann erstaunliche Ergebnisse zeitigen. Wenn wir glauben, daß nichts unmöglich ist, legen wir uns erst recht ins Zeug, und manchmal schaffen wir es zur allgemeinen Überraschung auch. Die Ergebnisse solcher Anstrengungen sind manchmal derart beeindruckend, daß sie uns zu der Annahme verleiten, es gebe keine Grenzen und Menschen könnten alles erreichen, wenn sie nur wirklich wollen.

Ich bin selbst ein optimistischer Mensch. Als professioneller Vermittler macht es mir Freude, Probleme zu lösen, die andere für unlösbar halten. Doch ich mache mir keinerlei Illusionen darüber, wie realistisch es ist, von anderen etwas zu erwarten.

Wenn Sie also sichergehen wollen, daß der Schritt, den Sie

planen, realistisch ist, müssen Sie feststellen, wo die unmittelbare Grenze der Person liegt, die den Schritt tun soll.

In meinen Seminaren verdeutliche ich diesen Punkt, indem ich die Teilnehmer auffordere: »Bestimmen Sie den am weitesten entfernten Ort in diesem Raum, an den mich mein nächster Schritt bringen soll. Irgendeinen.« Unweigerlich nennt jemand einen zehn Meter entfernten Ort genau auf der anderen Seite des Raums. Ich sage: »Da haben wir das Problem. Mit meinem nächsten Schritt *kann ich nicht* quer durch den Raum gehen. Erkennen Sie meine unmittelbare Grenze?«

Ich strecke mein Bein vor, damit jeder sieht: Im Höchstfall kann ich mit meinem nächsten Schritt einen Meter weit gehen.

»Sie könnten mir in den Ohren liegen, Sie könnten mir gut zureden, Sie könnten mich drängen, mit einem Satz zehn Meter quer durch durch den Raum zu springen – und es würde doch nichts nützen, weil es jenseits meiner Fähigkeiten liegt. Ich würde es wohl nicht einmal versuchen, weil ich weiß, daß es absurd ist. Wenn Sie also wollen, daß ich zehn Meter durch den Raum gehe, dürfen Sie es nicht darauf anlegen, daß ich das in einem Schritt tue. Bitten Sie mich zuerst einmal um einen Meter. Schritt für Schritt kann ich die Zehn-Meter-Marke erreichen.«

In diesem Beispiel ist der Schritt ein physischer; unter anderen Umständen verlangen Sie vielleicht von anderen einen Schritt im übertragenen Sinne – etwa einzusehen, daß eine Mieterhöhung seit langem überfällig ist. Ob Sie nun auf einen Schritt Ihres Gegenübers im buchstäblichen oder im übertragenen Sinne abzielen – was können Sie tun, wenn der Schritt im Augenblick unmöglich ist, so unmöglich wie das Erreichen der Zehn-Meter-Marke? Was ist, wenn Sie einen *großen* Schritt verlangen? Diesen Fragen sah sich meine Freundin Naomi gegenüber. Die Antwort lautet:

Teilen Sie das Problem auf

Nennen Sie es männliche Intuition, aber ich wußte einfach, daß Naomi wollte, daß ich ihr einen Heiratsantrag machte. Ich wußte es, weil sie gewisse Andeutungen fallenließ, die keinen Zaunpfählen, sondern eher Eisenbahnschwellen glichen. Beispiele:
»Hör mal, David! Heute abend kommt im Fernsehen ein Film, in dem Billy Crystal sich verliebt und heiratet. Klingt das nicht wunderbar? Im wirklichen Leben, meine ich.«
»Klar, bestellen wir Pizza! Jetzt müssen wir uns entscheiden: Wollen wir Oliven und Pilze, wann wollen wir heiraten, wollen wir Sardellen ...«
»Ach, schau dir nur Mike und Sharon an. Sie sind so glücklich miteinander. Sie haben *geheiratet*, weißt du.«
»Wenn du dir vorstellst, daß wir morgen bei einem Autounfall ums Leben kommen könnten, würdest du da nicht lieber als *verheirateter* Mann sterben, gemeinsam mit einer Frau, die du für immer und ewig liebst, statt mit einer, mit der du einfach nur so zusammen bist?«
Durch Naomis zarte Anspielungen begann ich tatsächlich mit dem Gedanken an eine Eheschließung zu spielen. Das Problem war nur, daß mir Heiraten eine *wichtige* Entscheidung schien – eine der wichtigsten im Leben überhaupt, und ich wollte sie nicht übers Knie brechen. Die Monate gingen ins Land, und wie Sie sich denken können, wurde Naomi ein ganz klein bißchen ungeduldig.

Zu meinem Glück gab sie nicht auf. Vielmehr teilte sie die große Entscheidung über eine Heirat in eine Reihe kleinerer Entscheidungen auf: Ich mußte gemeinsam mit ihr entscheiden, ob wir Kinder haben wollten, und wenn ja, wie viele; ich mußte mit ihr entscheiden, wo wir uns niederlassen sollten und ob wir ein Haus mieten oder kaufen würden; ich mußte mit ihr entscheiden, wie unsere Hochzeitsfeier vonstatten gehen sollte.

Naomi dachte sich: »Wenn er erst mal für all die praktischen Probleme eine Lösung sieht, braucht er nur noch einen einzigen Schritt zu tun: mir den Antrag zu machen.«

Also brachte Naomi im Lauf der nächsten Wochen immer nur ein Thema auf einmal zur Sprache. Beispielsweise meinte sie beiläufig am Eßtisch: »Ich weiß, daß du mir noch keinen Antrag gemacht hast« – allen ihren Betrachtungen schickte sie diese Einleitung voraus –, »aber wo meinst du denn, daß wir uns niederlassen sollten?« Wir sprachen darüber. Dann bemerkte sie ein paar Tage später: »Ich weiß, daß du mir noch keinen Antrag gemacht hast, aber findest du, wir sollten mieten oder kaufen?«

Bevor ich es recht merkte, hatten wir angefangen, die Hochzeit zu planen.

Naomi hatte das Problem in kleine Teile aufgespalten und mich schrittweise durch einen Teilaspekt nach dem anderen hindurchgelotst; auf diese Weise hatte sie mir behutsam das Fracksausen vor dem ganzen Drum und Dran einer Heirat genommen. Der Schritt vom Singledasein zur Ehe wirkte jetzt nicht mehr so riesengroß. Natürlich war die Ehe immer noch eine bedeutende Verpflichtung. Doch jetzt wirkte Heiraten nicht mehr wie ein Schritt in einen bodenlosen Abgrund, sondern wie eine logische Abfolge von Entscheidungen, die ich bereits getroffen hatte – hinsichtlich Person, Lebensstil und Werten.

Allmählich kam mir der Gedanke zu heiraten immer realistischer vor. Ich konnte es mir bildlich vorstellen und mich damit anfreunden. Sehr bald wirkte es fast komisch, daß wir alles geklärt hatten, ich ihr aber noch keinen Heiratsantrag gemacht hatte. Also tat ich das.

Planen Sie einen realistischen Schritt nach dem anderen. Wenn Sie ein Problem in Schritte unterteilen, die für den anderen zu bewältigen sind, dann kann ein scheinbar unerreichbares Ziel in greifbare Nähe rücken.

Betrachten wir das biblische Beispiel von Abraham, als er mit Gott verhandelte. Ich möchte Sie darauf hinweisen, daß dies kein Verhandeln aus einer Machtposition heraus ist. Ich möchte Sie auch darauf hinweisen, daß in diesem Beispiel das größtmögliche denkbare Machtgefälle vorliegt. Doch selbst in dieser Lage hatte die Schritt-für-Schritt-Methode Erfolg.

Die Herausforderung sieht so aus: Der Herr hat Abraham gerade verkündet, daß er die Städte Sodom und Gomorra vernichten will, weil sie gottlos seien. Vermag Abraham, der doch nur ein Mensch ist, Gott dazu zu überreden, seine Pläne zu ändern?

Sie werden zugeben müssen, daß diese Aufgabe unlösbar scheint. Doch schlagen Sie Ihre Bibel bei Kapitel 18 des ersten Buches Mose auf, und verfolgen Sie Abrahams Strategie. Abraham beginnt mit der Frage: »Willst du denn die Gerechten mit den Gottlosen umbringen? Es könnten vielleicht fünfzig Gerechte in der Stadt sein; wolltest du die umbringen und dem Ort nicht vergeben um fünfzig Gerechter willen, die darin wären? Das sei ferne von dir, daß du das tust und tötest den Gerechten mit dem Gottlosen, so daß der Gerechte wäre gleich dem Gottlosen? Sollte der Richter aller Welt nicht gerecht richten?«

Abraham schlägt Gott einen anderen Schritt vor. Er sagt: Sollte die Stadt nicht gerettet werden, wenn fünfzig Gerechte darin wohnen? Wie sich herausstellt, liegt dieser Schritt diesseits der unmittelbaren Grenze des Herrn.

Denn der Herr antwortet: »Finde ich fünfzig Gerechte zu Sodom in der Stadt, so will ich um ihretwillen dem ganzen Ort vergeben.«

Das ist eine beachtliche Leistung für Abraham. Doch gibt er sich damit zufrieden? Nein. Genau wie Naomi mich zu einem realistischen Schritt nach dem anderen brachte, schlägt Abraham Gott einen weiteren Schritt vor und dann noch einen und noch einen.

Abraham leitet seine nächste Bitte mit einer Demutsfloskel ein: »Ach siehe, ich habe mich unterwunden, zu reden mit dem Herrn, wiewohl ich Erde und Asche bin. Es könnten vielleicht fünf weniger als fünfzig Gerechte darin sein; wolltest du denn die ganze Stadt verderben um der fünf willen?«

Und der Herr antwortet: »Finde ich darin fünfundvierzig, so will ich sie nicht verderben.«

Darauf sagt Abraham: »Man könnte vielleicht vierzig darin finden.«

Gott antwortet: »Ich will ihnen nichts tun um der vierzig willen.«

Abraham spricht wieder: »Zürne nicht, Herr, daß ich noch mehr rede. Man könnte vielleicht dreißig darin finden.«

Der Herr erwidert: »Finde ich dreißig darin, so will ich ihnen nichts tun.«

Abraham: »Man könnte vielleicht zwanzig darin finden.«

Der Herr sagt: »Ich will sie nicht verderben um der zwanzig willen.«

Abraham läßt nicht locker: »Ach, zürne nicht, Herr, daß ich nur noch einmal rede. Man könnte vielleicht zehn darin finden.«

Gott antwortet: »Ich will sie nicht verderben um der zehn willen.«

Und der Herr ging weg, und Abraham kehrte wiederum an seinen Ort.

Hätte Abraham den Herrn gleich zu Anfang gebeten, Sodom um zehn Gerechter willen zu verschonen, hätte ihm dieser das vielleicht abgeschlagen. Es wäre ein zu großer Schritt zu einem zu frühen Zeitpunkt gewesen – ein Schritt über die unmittelbare Grenze Gottes hinaus.

Abraham teilt das Problem auf. Er bringt Gott dazu, einen realistischen Schritt nach dem anderen zu machen, und überredet ihn dazu, Sodom zu retten, wenn nur zehn Menschen es wert sind, gerettet zu werden. (Leider finden sich bekanntlich diese zehn nicht, und so vernichtet Gott Sodom und Gomorra mit Feuer und Schwefel. Doch Abraham kann man daraus keinen Vorwurf machen. Seine Methode führte zum Erfolg. Er hat den Allmächtigen überredet.)

Dieses schrittweise Vorgehen funktioniert nicht nur in der Bibel. Es funktioniert auch im Geschäftsleben.

Die Marketing- und die Entwicklungsabteilung eines Unternehmens liegen miteinander in einer Art Kaltem Krieg. Das Marketing klagt: »Ihr plant das Produkt nicht so, wie wir es wollen!« Die Entwicklung blafft zurück: »Eure Erwartungen sind unrealistisch!« Um den Frieden wieder herzustellen, ruft die Marketingchefin Elaine den Entwicklungsleiter Bill an und schlägt ihm vor, die beiden Abteilungen sollten gemeinsam eine Schulung in Teamarbeit absolvieren.

Bill fährt sie an: »*Ihr* seid doch diejenigen, die Probleme haben, mit *uns* zusammenzuarbeiten. *Wir* brauchen keine Nachhilfe in Teamarbeit!«

Elaine knallt den Hörer auf. Dann ruft sie mich an. »Es ist zum Auswachsen! Ich möchte die Sache ins Lot bringen, und er ist nicht mal zu einem Treffen bereit! Können *Sie* ihm das vielleicht beibiegen?«

Gute Frage. Bill haßt die Marketingabteilung wie die Pest. Ich darf nicht erwarten, daß er mir Aufmerksamkeit schenkt, wenn ich als Vertreter des Marketing auftrete. Ich muß ihn zuerst dazu bringen, einen kleineren Schritt zu tun. Bevor er mich anhört, muß er zu dem Schluß gelangen, daß ich es *wert* bin, angehört zu werden. Meine Strategie sieht folgendermaßen aus:

Ich rufe Bill an und sage: »Ich bin beauftragt worden, den Marketingleuten bessere Konfliktlösungsmethoden beizubringen. Deshalb möchte ich gern erfahren, welche Fehler das Marketing beim Umgang mit Ihrer Abteilung häufig begeht.«

Selbstverständlich spult er nun eine ganze Litanei von Fehlern ab. Das geht so einige Minuten. Dann mache ich den Vorschlag: »Hier liegen offensichtlich zu viele Probleme vor, als daß man sie am Telefon besprechen könnte. Ich könnte Sie aber zu einem Ihnen genehmen Termin aufsuchen.« Bill stimmt zu, weil er seine Kritik am Marketing vor einer Person, die dort vielleicht tatsächlich etwas ändern kann, fortsetzen will. Hätte ich gleich zu Beginn eine persönliche Besprechung vorgeschlagen, hätte er das vielleicht abgelehnt. Warum soll er seine Zeit mit einem Unbekannten vom Marketing verschwenden, der schon als solcher nicht vertrauenswürdig ist? Er würde glauben, ich sei geschickt worden, um auf ihm herumzuhacken.

Ich will seine Befürchtungen zerstreuen. Aus diesem Grunde vertraue ich ihm an, daß meine Aufgabe darin bestünde, das Marketing auf Vordermann zu bringen. Dies verleiht mir Glaubwürdigkeit. *Danach* schlage ich ein Treffen vor. Ich lege Bill einen Entwurf für das Seminar vor, das ich mit der Marketingabteilung durchführen will. Bald kritisiert er den Entwurf; wir arbeiten zusammen. Nach mehreren Besprechungen schlage ich vor: »Sie haben viel zur Planung dieser Schulungsmaßnahme beigetragen; es wäre nett, wenn Sie dabeisein könnten.«

Wieder ein Schritt nach dem anderen. Erst bitte ich ihn, die Schulung zu planen, *dann* lade ich ihn ein, daran teilzunehmen. Es ging für ihn nun nicht mehr darum, mit dem Feind zu kollaborieren, sondern darum, mit jemandem, dem er vertraut, weiter zusammenzuarbeiten.

Zuvor glaubte er, daß die Marketingleiterin versuche, ihm einen Workshop aufzuzwingen. In der neuen Schulung jedoch sieht er eine Möglichkeit, in der Marketingabteilung Änderungen herbeizuführen. Er ist stolz darauf. Also nimmt Bill nicht nur teil, sondern bittet auch noch die gesamte Entwicklungsabteilung dazu.

Während des Workshops beginnen die beiden Abteilungen, an den eigentlichen Problemen zu arbeiten. Allmählich löst sich die Fehde auf, und Bill verzeiht Elaine endlich, daß sie ihn bei einer Mitarbeiterbesprechung vor fünf Jahren unbeabsichtigt bloßgestellt hat.

Sie steuern den Ärger des anderen, wenn Sie seinen nächsten Schritt planen

Wenn ich diese Geschichte einer Seminargruppe erzähle, meldet sich oft ein Teilnehmer zu Wort und fragt: »Ich kapier das nicht. Sie haben Bill aufgefordert, sich über die Fehler des Marketings auszulassen? Warum haben Sie das getan? Wollten Sie ihn darin auch noch bestärken?«

Ja, genau das wollte ich – weil ich beabsichtigte, mir seine Klagen zunutze zu machen. Je mehr er schimpfte, desto mehr verfestigte sich seine Überzeugung, daß die Marketingabteilung etwas ändern mußte. Und ich bot ihm die einzige Chance, das Marketing genau dazu zu bewegen. Im Grunde forderte ich ihn auf, sich selbst zur Kooperation mit mir zu überreden.

An dieser Stelle schießt meist eine andere Hand in die Höhe: »Aber Sie haben doch selbst darauf hingewiesen, daß alles sehr oft nur *schlimmer* wird, wenn man zuläßt, daß jemand seinem Ärger Luft macht!« Völlig richtig. Ich forderte Bill auf, Dampf abzulassen, doch ich hatte zuvor beschlossen, seine Energie auf ein konstruktives Ziel zu lenken – die Planung eines neuen Workshops.

Es ist in der Tat riskant, jemandem Gelegenheit zum Dampfablassen zu geben, wenn man nicht weiß, was man mit der freigesetzten Wut anfangen soll. Den nächsten Schritt des anderen zu planen, dient daher unter anderem dem Zweck, seine negativen Gefühle auf ein konstruktives Ziel zu richten oder zumindest auf ein unwichtiges. So beginnt man, die Wut eines anderen zu entschärfen.

Man *beginnt* damit? Genau: Menschen lassen sich, genau wie kompliziert gebaute Bomben, oftmals nicht in einem Rutsch entschärfen.

Versuchen Sie nicht, ein zu großes Problem in einem Zug zu lösen

Wieso gelang es mit meiner Strategie, einen Waffenstillstand zwischen den beiden Abteilungen herbeizuführen? Weil ich das Problem aufteilte. Ich fragte mich immer wieder: »Wozu kann ich Bill *jetzt* bewegen?« Der erste Schritt für ihn bestand darin, daß er über seine Probleme mit der Marketingabteilung sprach. Der zweite Schritt bestand darin, einem Treffen zuzustimmen. Der dritte Schritt, daß er mit mir an dem Entwurf der Schulung arbeitete. Immer nur ein Schritt auf einmal und jeder davon diesseits seiner unmittelbaren Grenze.

Warum lehnte Bill einen gemeinsamen Workshop zu Beginn ab? Weil er dazu nicht bereit war.

Dies wäre ein zu großer Schritt zu einem zu frühen Zeitpunkt gewesen. Elaine, die Marketingchefin, faßte das Ziel, das sie letztendlich anstrebte, ins Auge – Kooperation – und ging sofort darauf los, ohne zu überlegen, ob es realistisch war. Es ist verführerisch, sich während einer Kontroverse eine geniale Lösung, die das ganze Problem ein für allemal beseitigt, auszudenken und sie dann der anderen Seite einfach vorzusetzen. Genau so verhielt sich Elaine, als sie sagte: »Machen wir eine gemeinsame Schulung!«

Das ist, als ginge man auf einen Wildfremden zu und forderte ihn auf: »Heirate mich.« Es sind kleinere Schritte erforderlich, bevor Sie diesen Punkt erreichen (zumindest in der etablierten westlichen Kultur). Überreden ist wie Umwerben. Sie dürfen der/dem Betreffenden nur einen Schritt auf einmal zumuten. Und Sie dürfen nicht erwarten, daß Sie ein kompliziertes Problem auf einmal, mit einem einzigen Geniestreich lösen können.

Die Lösung des Problems lag auch für Bill, den Entwicklungsleiter, nicht in einem einzigen derartigen Handstreich. Ich bewog ihn zu einer ganzen Reihe von Schritten, von denen jeder auf dem vorangegangenen aufbaute und die schließlich in einem zufriedenstellenden Ergebnis gipfelten.

Apropos: wenn Sie ein großes Problem zu lösen suchen, dann lassen Sie keinesfalls durchblicken, daß es sich in Luft auflösen würde, wenn der andere nur einen einzigen kleinen Schritt in die richtige Richtung machen würde. (Stellen Sie sich vor, wie sich Ihr Mann aufregen würde, wenn er endlich seine Stapel alter Zeitschriften weggeworfen hätte, um Ihren Wunsch nach einer aufgeräumten Garage zu erfüllen, und feststellen müßte, daß Sie ihm immer noch in den Ohren liegen, er solle seinen anderen Müll auch noch fortschaffen.)

Tips für die Planung des nächsten Schrittes des anderen

Landläufige Weisheiten:	*Strategische Kommunikation:*
Fragen Sie sich: »Was ist der größte Schritt, den *ich* von der Gegenseite *will*?«	Fragen Sie sich: »Was ist der größte Schritt, zu dem die Gegenseite *bereit* ist?«
Verlangen Sie alles, sonst bekommen Sie mit Sicherheit nichts.	Verlangen Sie nicht zuviel, sonst wird Ihnen vielleicht alles verweigert.
Wenn die Zeit drängt, dann drängen Sie auf alles, und zwar sofort.	Streben Sie ungeachtet des Zeitdrucks nur das an, was Sie jetzt erreichen können.
Nehmen Sie die »äußerste Grenze« des anderen ins Visier.	Ermitteln Sie die *unmittelbare Grenze* des anderen.

Und wenn Sie keine Zeit für ein schrittweises Vorgehen haben?

Überraschung! Etappenweises Vorgehen ist der *schnellste* Weg zu Ihrem Ziel. Der langsamste ist, zuviel auf einmal zu fordern. In diesem Fall schaltet die andere Person auf Abwehr, mauert und rührt sich nicht vom Fleck – wie der Entwicklungschef zu Beginn. Doch wenn jeder Schritt, zu dem Sie die Gegenseite einladen, dieser leichtfällt, werden Sie rasch Fortschritte erzielen.

Legen Sie nicht all Ihre Schritte auf einmal fest

Selbst wenn Sie genau wissen, wohin Sie den anderen führen wollen, empfiehlt es sich, *nicht* jeden einzelnen Schritt, den Sie unternehmen werden, von vornherein festzulegen.

Der Umgang mit Menschen ist anders als eine Schachpartie, bei der Sie einen ausgeklügelten Plan für viele Züge im voraus entwickeln können. Eine Schachfigur ist einfacher als der Mensch, mit dem Sie es üblicherweise zu tun haben. Die Möglichkeiten, Ihre Figur zu bewegen, sind viel begrenzter. Ein Läufer kann nur diagonal ziehen. Ein Turm kann nur parallel zu den Kanten des Bretts ziehen. Ein König kann normalerweise nur ein Feld vorrücken. Ein Mensch dagegen vermag sich beliebig, kreuz und quer über das Spielfeld zu bewegen.

Psychologen haben jedoch gezeigt, daß sich in vielen Situationen vorhersagen läßt, wie ein Mensch reagieren wird. Oft ist es möglich, den nächsten »Schachzug« eines

Menschen vorauszusehen. Weit schwieriger ist es, den zweiten, dritten und vierten im voraus zu erraten.

Ein Mensch ist zudem viel schwieriger zu beeinflussen als eine Schachfigur. Eine Schachfigur haben Sie im Griff. Einen Menschen müssen Sie überreden: Ein Mensch muß *beschließen*, das zu tun, was Sie wollen. Eine Schachfigur sagt niemals nein. Ein Mensch sagt oft nein. Wenn Sie es also mit einem Menschen zu tun haben, müssen Sie Ihren Plan ständig verändern und ihn an veränderte Umstände anpassen.

Zu den schlimmsten Fehlern, die Sie begehen können, gehört es, jeden Schritt im vorhinein festzulegen und Ihrem Plan dann wie einem Drehbuch zu folgen.

Auf dem College hatte ich einen Zimmergenossen namens Freddie, der sich so entsetzlich vor Frauen fürchtete, daß er sich einen ganz rigiden Rendezvousplan zurechtlegte:

1. Bringe ihr Rosen mit.
2. Halte Händchen.
3. Küsse sie.

Ich erinnere mich, daß Freddie von einer Verabredung mit einem blauen Auge zurückkam. Er erzählte mir, daß Stufe eins (Rosen) gut verlaufen sei. Seine Partnerin war jedoch nicht bereit zum zweiten Schritt (Händchenhalten). Doch Freddie folgte stur seinem Plan und griff trotzdem immer wieder nach ihrer Hand. Dann versuchte er, Stufe drei auszuführen. Das erklärte sein Veilchen.

Freddie wollte all seine Schritte im voraus planen, weil er – wie viele von uns in einer unbehaglichen Situation – Angst hatte. Er wollte keinen Mist bauen. Er war sich nicht sicher, wie die andere reagieren würde.

Hinterher war Freddie schlauer. Je unsicherer Sie sich sind, wie sich der andere verhalten wird, desto aufmerksamer müssen Sie ihn beobachten, statt ihn zu ignorieren und nur Ihrem eigenen Drehbuch zu folgen. Freddie hätte sich nicht so sehr auf seine geplanten Aktionen konzentrieren sollen, sondern darauf, was *sie* bereit und willens war zu tun.

Insbesondere in heiklen Situationen müssen Sie die unmittelbare Grenze des anderen erspüren und Ihre Reaktionen nach dieser ausrichten. Was Sie weiterbringt, ist nicht Rigidität, sondern Flexibilität. Sie müssen sich spontan auf den Verlauf der Situation einstellen. Sie wissen nicht, ob eine Folge von Schritten, die Sie eingangs geplant hatten, sich später, wenn Sie sie in die Tat umsetzen, als konstruktiv erweist. Also legen Sie um Himmels willen nicht alle Schritte Ihrer Strategie von vornherein fest.

Planen Sie immer nur einen Schritt, den der andere im gegenwärtigen Augenblick tun soll. Schauen Sie dann, ob das klappt. Und was machen Sie, wenn nicht?

Sie müssen nichts durchziehen

Wenn der andere Ihren Plan durchkreuzt, brauchen Sie sich nicht daran festzubeißen, daß er einen ganz bestimmten Schritt tut. Lassen Sie Ihre Kreativität walten, und erfinden Sie statt dessen einen anderen Schritt. Sie brauchen nicht kategorisch zu verkünden: »Entweder so oder gar nicht!«

Der Schritt, den Sie für den anderen planen, ist nur eine mögliche *Option* von vielen, die er wählen *kann*, kein *Befehl*, den er ausführen *muß*.

Dieser Unterschied entging Freddie. Als seine Angebetete nicht so wollte wie er, glaubte er, an seinem Plan festhalten und ihn ihr aufzwingen zu müssen. Er wußte nicht, was er sonst hätte tun sollen. Er versuchte, sie zu kontrollieren. Ein Riesenfehler.

Es ist unmöglich, dem anderen den nächsten Schritt zu *diktieren*. Sie können eine Option für ihn entwickeln, die er wählen kann. *Er muß entscheiden*, ob er das tut oder nicht. Er allein hat die Macht, ja oder nein zu sagen.

Sagt er nein, dann überprüfen Sie seine unmittelbare Grenze, damit Sie feststellen können, welcher Schritt für ihn realistisch *wäre*.

Doch damit ist Ihr Teil noch nicht getan. Wenn Sie einen realistischen Schritt für die Gegenseite entwickelt haben, müssen Sie sie noch dazu bringen, ihn zu tun. Nur weil der andere willens oder fähig zu einer Handlung ist, heißt das noch nicht, daß er auch von sich aus handelt. Dazu müssen Sie ihm sehr wahrscheinlich erst einen Anstoß geben. Und der springende Punkt ist die Art und Weise, wie Sie das tun. Diese entscheidet darüber, ob Sie die Gegenseite überzeugen oder vor den Kopf stoßen.

Wie entwickeln Sie eine Methode, mit der Sie jemanden dazu bringen können, das zu tun, was Sie wollen?

Das ist das Thema des nächsten Kapitels.

Kernpunkte zur Anwendung des strategischen Schritts Nr. 2: Planen Sie den nächsten Schritt des anderen voraus

1. Denken Sie daran: Der nächste Schritt, den *Sie* machen sollten, hängt von dem Schritt ab, den der *andere* für Sie tun soll. Legen Sie zuerst fest, was die *Gegenseite* tun soll.

2. Sprechen Sie die richtige Person an – sie muß *einfluß-reich* genug sein, um Ihnen zu Ihrem Ziel zu verhelfen, und *empfänglich* genug, um Sie anzuhören.

3. Visieren Sie nicht die »äußerste Grenze« des anderen an – also das Höchstmaß dessen, was er letztendlich für Sie zu tun bereit ist. Nehmen Sie seine *unmittelbare Grenze* aufs Korn – das Äußerste, was er im Augenblick für Sie zu tun willens und imstande ist.

4. Nutzen Sie alle drei Methoden zur Ermittlung der unmittelbaren Grenze:
   - Ergründen der Ansichten des anderen,
   - Testen durch Druck und
   - Auf kommunikative Signale achten.

5. Wenn Sie den anderen zu einem großen, im Augenblick aber unrealistischen Schritt bewegen möchten, dann teilen Sie das Problem auf. Bewegen Sie den anderen zu einem kleineren Schritt; schieben Sie dann einen weiteren nach und so fort.

6. Vermeiden Sie es, im vorhinein alle Schritte, die Sie machen wollen, festzulegen und sich daran zu klammern wie an ein Drehbuch. Die Schritte, die Sie jetzt planen, können sich später, wenn Sie sie in die Tat um-

setzen, als kontraproduktiv erweisen. *Planen Sie im gegenwärtigen Augenblick nur einen Schritt, den der andere machen soll.*

Strategischer Schritt Nr. 3:
Nutzen Sie die Ansichten des anderen, um ihn zu überzeugen

Sie möchten dem anderen Ihren Standpunkt vermitteln, doch er hält an seiner eigenen Sichtweise fest. Nun sind Sie vielleicht versucht, ihm zu erklären, daß er sich im Irrtum befinde, daß er seine Ansicht ändern solle, daß er die Dinge so sehen solle wie Sie. Es gibt ein besseres Verfahren.

Wenn Sie jemanden überzeugen wollen, dann müssen Sie der allgemeinen Ansicht zufolge ein mit allen Wassern gewaschener Kommunikationskünstler sein. Ihre Ausstrahlung muß derart faszinierend und Ihre Argumentation so geschliffen sein, daß Sie die andere Seite quasi im Sturm erobern.

Das *Wall Street Journal* brachte vor einiger Zeit Portraits von Vorstandschefs, die nach eklatanten Managementfehlern geschaßt worden waren und trotzdem umgehend ins Topmanagement eines anderen Unternehmens geholt wurden. Ein Beispiel war Frank Lorenzo. Er war Vorstandschef von Eastern Airlines. Die Firma ging bankrott. Er wurde Vorstandschef von Continental Airlines. Die Firma ging bankrott. Was geschah mit Lorenzo?

Der Zeitung zufolge brachte er Investoren dazu, ihm Millionen Dollar für die Gründung einer dritten Fluggesellschaft zur Verfügung zu stellen.

Bill Agee war Vorstandsvorsitzender der Firma Bendix. Berichten zufolge scheiterte dort sein Versuch, die Martin Marietta Corporation zu übernehmen. Nach Darstellung des *Journal* wehrte sich Marietta, und nach dem Abwehrkampf hatte Bendix aufgehört, als eigenständiges Unternehmen zu existieren (die Firma ging in einer Firma namens AlliedSignal Inc. auf). Agee wurde vor die Tür gesetzt. Aber nur vorübergehend. Er wurde Vorstandschef von Morrison Knudsen.

Das *Journal* befragte Personen aus dem Umfeld dieser Männer: Worin besteht ihr Geheimnis? Wieso fallen sie immer wieder auf die Füße? Ein ums andere Mal antworteten die Befragten: Er hatte eine so gewinnende Ausstrahlung. Soviel Charisma. Soviel ansteckende Begeisterungsfähigkeit. Er war so redegewandt. So faszinierend. Einer sagte über Bill Agee: »Er kann Ihnen einreden, daß weiß schwarz sei.« Wenn solche Menschen die Stimme erheben, verstummt alles.

Wenn Sie jedoch dieselbe Erfahrung gemacht haben wie ich, nämlich daß die anderen mitnichten an Ihren Lippen hängen, wenn Sie reden, daß sie Sie vielmehr unterbrechen, sich abwenden oder sogar zum Telefonhörer greifen, um mit *jemand anderem* zu sprechen ... dann ist dieses Kapitel etwas für Sie.

Es gibt Menschen, die schon mit Charisma zur Welt kommen, und es gibt uns Normalsterbliche. Nach landläufiger Ansicht haben wir eben Pech gehabt, denn die einzige Chance, andere zu überzeugen, haben die zungenfertigen Leute.

Quatsch.

Menschen lassen sich mit Hilfe einer soliden Strategie beeinflussen. Man muß kein Magier oder Meisterhypnoti-

seur sein. Und man muß seine Persönlichkeit nicht verbie-
gen, um der »große Kommunikationsmeister« zu werden,
der die anderen einfach überrollt.

Sehr wohl aber muß man viele etablierte Ansichten
über die Zusammenarbeit mit Menschen über Bord werfen.

»Was der andere denkt, ist sein Problem«

Wir lernen, andere zu überzeugen sei so wie Wasser in
leere Gläser zu gießen. Die leeren Gläser sind die Köpfe,
und Ihr Wissen ist das Wasser, das Sie hineinschütten. Was
auch immer bereits in den Köpfen stecken mag, ist unwichtig. Ihre Ideen sind richtig, wieso sollen Sie sich also
den Kopf darüber zerbrechen, was die anderen denken?
Sie werden sie doch sowieso umstimmen.

Dies entspricht der Einstellung des Kommandanten in *Der
Unbeugsame*. Paul Newmans aufrührerische Gedanken
spielen keine Rolle. Strother Martin blickt auf Newman
herab, der sich am Boden krümmt, und tönt: »Du wirst
das schon noch *richtig* sehen. Und wenn ich das sage, meine
ich *richtig*.«

Diese Philosophie erinnert mich an den Kalauer: »Wenn
ich deine Meinung hören will, werde ich sie dir schon
sagen.«

So rabiat diese Einstellung auch sein mag, sie ist tief in uns
verwurzelt. Sie kann sogar so tief verwurzelt sein, daß sie
uns nicht einmal mehr auffällt. Daß wir die Überzeugungen eines anderen mit unseren eigenen attackieren müssen, um ihn auf unsere Seite zu bringen – das ist ein
Axiom.

Wenn zwischen der anderen Position und unserer eigenen eine Kluft besteht und wenn der andere sich hoffnungslos stur stellt, denken wir meistens: »Wie kriege ich *ihn* dazu, offener zu sein? Nicht so emotional? Vernünftiger? Kompromißbereiter?« All das bedeutet im Grunde dasselbe: Wir wollen, daß der andere seinen Standpunkt aufgibt und sich dem unseren anschließt. Wir wollen, daß *er* die Kluft überbrückt. Wir wollen, daß *er* seinen Sinn ändert. Mit anderen Worten, uns ist es egal, was der andere im Augenblick denkt. Getreu dem Motto: »Was der andere denkt, ist sein Problem.« Wir wollen, daß er die Dinge so sieht wie wir. Doch wie groß ist die Wahrscheinlichkeit, daß er das tut?

Menschen sind überzeugt von ihren eigenen Ansichten

Wie wahrscheinlich ist es, daß der andere Ihre Denkweise übernimmt? Per definitionem unwahrscheinlich, sofern er hartnäckig ist. (Selbst nach den Prügelorgien kann der Lagerkommandant Paul Newmans Willen nicht brechen.)

Wenn die andere Seite eine Überzeugung hegt, die im Gegensatz zu der Ihrigen steht, glauben Sie dann wirklich, sie würde ihrer eigenen Überzeugung abschwören und die Ihre übernehmen? Wohl kaum. Welche Meinung wird sie vertreten?

Ihre eigene natürlich. Menschen halten immer ihre eigenen Ansichten für die überzeugendsten.

Was der andere denkt, ist sein Problem? Schwerlich. Es ist auch Ihr Problem, wenn Sie den anderen zu überzeugen versuchen. Menschen handeln nach *ihren eigenen* Vorstellungen, nicht nach den Ihren.

Rufen Sie sich nochmals die Fehde zwischen der Marketingleiterin und dem Entwicklungschef ins Gedächtnis. Zu Beginn machte Elaine, die Leiterin der Marketingabteilung, ihrem Kollegen Bill von der Entwicklung den Vorschlag, beide Abteilungen sollten gemeinsam an einem Seminar über Teamarbeit teilnehmen. Sie gründete diesen Vorschlag auf die Annahme, daß in beiden Abteilungen Verbesserungen angebracht seien.

Das nahm jedoch nur sie an, nicht aber Bill. Er ging davon aus, daß die Ursache des Problems bei *ihren*, Elaines Leuten läge, deshalb sagte er nein.

Ich wandte mich an Bill und setzte an seiner Wahrnehmung des Problems an. Ich sagte zu ihm: »Ich möchte gern wissen, welche Fehler das Marketing Ihnen gegenüber macht.« Danach arbeitete er mit mir zusammen.

Wenn Sie jemanden auf Ihre Seite bringen wollen, sollte Ihre Methode auf *dessen* Anschauungen gründen und nicht auf Ihren eigenen. Das, was der andere glaubt, sollte Ihnen Ihre Strategie vorschreiben.

Der herkömmlichen Ansicht zufolge verhält es sich umgekehrt: Demnach sollte Ihre Strategie dem anderen vorschreiben, was er denkt. Überzeugen bedeutet schließlich im wesentlichen nichts anderes, als die Meinung des anderen zu ändern.

Deshalb argumentiert man in aller Regel so: »*Sie* irren sich. *Sie* müssen das anders sehen.« Wenn nun jemand so mit Ihnen spricht, lassen Sie sich dann bereitwillig darauf ein? Wahrscheinlich nicht. Wenn Menschen sich unter Druck gesetzt fühlen, zu welcher spontanen Reaktion neigen sie dann?

Sie schlagen zurück und verteidigen sich.

Gehen Sie daher nicht automatisch mit dem Vorsatz in eine Besprechung, den Standpunkt des anderen in Grund und Boden zu stampfen. Versuchen Sie nicht automatisch, ihn von seiner Meinung abzubringen. Machen Sie es sich zur Regel, einen Zweikampf zwischen den Ansichten des anderen und Ihren eigenen zu vermeiden. Sonst rufen Sie unweigerlich Widerstand hervor.

Ich hätte den Entwicklungsleiter nicht umzustimmen vermocht, wenn ich *meine* Ansicht ausgesprochen hätte, daß er kooperieren sollte. Er war vom Gegenteil überzeugt und hätte deshalb nein gesagt. Um ihn zur Zusammenarbeit zu bewegen, mußte ich an *seiner* Ansicht, daß nämlich das Marketing auf dem Holzweg sei, den Hebel ansetzen.

Wie Sie sehen, haben wir immer gelernt, das Pferd vom Schwanz her aufzuzäumen. Wir sollten aber nicht versuchen, andere zu denselben Anschauungen zu bekehren, die wir selbst vertreten. Das ist in vielen Fällen nicht realistisch. Wir dürfen nicht erwarten, daß andere uns *unsere* Sichtweise abnehmen.

Wir sollten sie mit Hilfe ihrer *eigenen* überzeugen.

Sollte es Sie kümmern, was der andere denkt?

Landläufige Weisheiten sagen nein:	*Strategische Kommunikation sagt ja:*
Was der andere denkt, ist sein Problem.	Was der andere denkt, ist exakt *Ihr* Problem.
Sie wollen, daß der andere gemäß *Ihren* Vorstellungen handelt, nicht nach seinen eigenen.	Der andere handelt gemäß *seiner eigenen* Sichtweise, nicht nach der Ihren.

Die bestehenden Überzeu-	Die Sichtweise des anderen-
gungen des anderen spielen	bestimmt, ob er ja oder nein
keine Rolle.	sagt.
Ihre Strategie sollte die Über-	Die Überzeugungen des an-
zeugungen des anderen be-	deren sollten Ihre Strategie
stimmen.	bestimmen.

Ansichten sind verborgene Motivationsfaktoren

In Ihren Ansichten spiegelt sich Ihr Bild der Realität, das gefärbt ist durch Ihre Vorurteile und Interpretationen – durch Ihr Ego, Ihre Eitelkeiten, Ängste, Wünsche und andere Emotionen. Es ist ein Gemeinplatz, daß die Menschen die Welt durch eine verzerrende Brille sehen. Dennoch vergessen wir nur allzugern, daß auch unser eigenes Sehvermögen getrübt ist. Wir neigen dazu, unsere Sicht der Wirklichkeit für die Wirklichkeit selbst zu halten.

Nehmen wir beispielsweise an, Sie hätten eine Führungsposition inne und Ihnen fiele auf, daß Ihr Mitarbeiter fünfzehn Stunden täglich arbeitet, um ein Projekt rechtzeitig abzuschließen. Was halten Sie davon? Möglicherweise, daß er sich ungeheuer engagiert und daß er eine Belohnung verdient hat. Vielleicht wäre eine Prämie angebracht. Oder ... Sie nehmen an, daß jemand, der fünfzehn Stunden am Tag ackert, einfach unfähig ist. Sie haben ihn eingestellt, damit er die Arbeit in acht Stunden leistet, und wenn er außerstande ist, das zu schaffen, stimmt etwas nicht. Eine Prämie? Ha! Sie werden ein ernsthaftes Gespräch mit ihm führen müssen, um zu klären, warum er die gestellte Aufgabe nicht in der dafür vorgesehenen Zeit bewältigt.

Wie Sie die Überstunden Ihres Mitarbeiters sehen, entscheidet darüber, ob Sie ihm Zuckerbrot oder Peitsche zu kosten geben. Doch was Sie auch tun, es wird Ihnen wahrscheinlich nicht bewußt sein, daß Ihre Sichtweise Sie dazu motiviert hat. Sie denken nicht: »Ich gebe ihm eine Prämie, weil ich ihn als engagiert wahrnehme.« Sie denken: »Ich gebe ihm eine Prämie, weil er sie verdient.« Sie denken, daß Sie einzig und allein auf das Verhalten Ihres Mitarbeiters reagieren, nicht auf Ihre eigene Wahrnehmung.

Unsere Wahrnehmung motiviert uns, ohne daß wir dies merken. Deshalb erkennen wir auch nicht, welch starken Einfluß sie auf uns ausübt. Doch was wir wahrnehmen, bestimmt in sehr grundlegender Weise, wie wir uns verhalten.

Dies gilt ganz besonders für das Verhalten zwischen den Geschlechtern.

Haben Sie schon mal darüber nachgedacht, was für eine Person Sie einladen würden, mit Ihnen auszugehen? Wissenschaftler der Universitäten von Minnesota und Wisconsin führten dazu eine Studie durch. Ihren Ergebnissen zufolge würden Sie wohl kaum eine Person ansprechen, die Sie absolut überwältigend finden. Sie würden sehr wahrscheinlich jemanden fragen, der in etwa so attraktiv ist wie Sie selbst. Erraten Sie, wie die Wissenschaftler Ihre Wahl erklären würden?

Richtig: Sie glauben, daß die atemberaubende Person Ihnen einen Korb gäbe. Aufgrund dieser Ansicht machen Sie Abstriche an Ihren Ansprüchen. Wann ändern Sie sich und fangen an, jemanden anzusprechen, der / die besser aussieht?

Ihr Verhalten ändert sich, wenn sich Ihre Wahrnehmung ändert. Ich kenne das aus meiner eigenen Erfahrung. Jahrelang war ich überzeugt, daß keine attraktive Frau mit mir ausgehen würde; deshalb machte ich mir erst gar nicht die Mühe, eine zu fragen. Dann auf dem College zeigte eines Tages eine sehr hübsche Kommilitonin unbestreitbares Interesse an mir. Ich konnte es einfach nicht glauben. (Leider war das die erwähnte Blondine, die ich mit der Bemerkung vergraulte, ich fände Blondinen nicht besonders attraktiv.) Jennifer warf meine Einstellung zu Mädchen über den Haufen. Plötzlich erkannte ich: »Wenn *sie* mit mir geht, tun es vielleicht auch andere attraktive Frauen.« Nach und nach schwand meine Schüchternheit gegenüber begehrenswerten Frauen, bis ich zu guter Letzt Naomi kennenlernte.

Nicht nur in bezug auf das Liebesleben, sondern in allen denkbaren Bereichen zeigen Studien, daß die Handlungen von Menschen auf ihren Wahrnehmungen gründen. Eine Forscherin an der UCLA ließ Grundschulkinder ein Puzzle legen. Sie stellte ihnen jedoch dafür so wenig Zeit zur Verfügung, daß die Kinder das Puzzle auf keinen Fall fertigstellen konnten. Einigen der Kinder, die »versagt« hatten, erklärte sie dann: »Ich bin böse auf dich.« Zu anderen sagte sie: »Es tut mir leid für dich.«

Widmen wir uns den Kindern, denen die Forscherin angeblich böse war. Welchen Grund vermuteten diese für den Unmut der Forscherin? Sie glaubten, die Wissenschaftlerin habe eine bessere Leistung von ihnen erwartet, und schlossen, daß sie zwar klug seien, sich aber nicht genügend angestrengt hätten.

Betrachten wir jetzt die Kinder, für die die Forscherin Mitleid geäußert hatte. Was dachten denn diese Kinder?

Sie glaubten, sie seien nicht schlau genug für solche Puzzles.

Dann legte die Forscherin den Kindern ein anderes Puzzle vor. Prompt gaben diejenigen Kinder, die sich für weniger »schlau« hielten, früher auf. Die Kinder, die glaubten, klüger zu sein, hielten länger durch.

Was lernen wir daraus? Unsere Sichtweise bestimmt, ob wir ein Ziel anstreben, wie sehr wir uns bemühen und sogar, welches Ziel wir uns setzen.

Wenn Sie eine andere Person zu irgend etwas bewegen wollen, dann sollten Sie sich zunächst einmal mit deren Sichtweisen und Vorstellungen befassen.

Wie finden Sie heraus, was im Kopf des anderen vorgeht?

Nehmen wir ein alltägliches Beispiel: Ihre Vermieterin läßt sich mit der Reparatur des undichten Flachdaches Ihres Hauses viel Zeit, und Sie wollen herausfinden, warum. Wenn Sie herausfinden wollen, was im Kopf eines anderen vorgeht, stehen Ihnen sieben Methoden zur Verfügung:

1. *Überlegen Sie: Warum sollte der andere etwas tun? Und warum sollte er nicht?* Wenn Sie hinter die Motive eines anderen kommen möchten, können Sie sich im Hinblick auf den Schritt, zu dem Sie ihn bewegen wollen (in diesem Fall, die Dachreparatur zu veranlassen), zwei einfache Fragen stellen: *Warum sollte die andere Seite aus ihrer Sicht das tun, was Sie wollen?* Und: *Warum sollte sie es nicht tun?*

   Die Motivation der Gegenseite muß nicht logisch sein.

Ihre Verhaltensgrundlage ist *ihr* Denken. Und das kann alles andere als logisch sein.

Sie begehen jedoch einen verbreiteten Fehler, wenn Sie sich an die Stelle Ihrer Vermieterin setzen und sich ausmalen, was Sie an ihrer Stelle dächten. Selbst wenn Sie ebenfalls vermieten, müssen Sie nicht unbedingt so denken wie sie. Sie selbst würden das Dach vielleicht unverzüglich in Ordnung bringen lassen. Überlegen Sie, wie *sie* ihre Entscheidung wohl sieht. Warum glaubt *sie*, sie sollte das Dach instandsetzen lassen? Und warum denkt *sie*, sie brauche das nicht?

2. *Überdenken Sie frühere Äußerungen des anderen.* Wenn Sie die Ansichten Ihrer Vermieterin ergründen wollen, dann rufen Sie sich in Erinnerung, was sie Ihnen gegenüber bereits geäußert hat. Angenommen, sie hat gesagt: »Warum soll ich mir denn noch eine Reparatur aufhalsen lassen? Sie ziehen doch in ein paar Monaten sowieso aus.« Jetzt wissen Sie, daß sie nicht gewillt ist, etwas zu unternehmen.

3. *Suchen Sie nach Regelmäßigkeiten im Verhalten des anderen.* Angenommen, die Vermieterin versichert Ihnen immer wieder: »Ich verspreche Ihnen, das Dach wird repariert«, aber nie geschieht etwas. Wenn ihre Worte nicht mit ihren Taten übereinstimmen, dann fragen Sie sich, welche ihrer Ansichten diese Diskrepanz möglicherweise erklären. Vielleicht meint sie, Sie geben auf, wenn sie Sie lange genug hinhält. Rufen Sie sich ins Gedächtnis, wie sie früher auf Ihre Anliegen reagiert hat. Wenn sie Sie in den letzten sieben Jahren nicht ein einziges Mal zurückgerufen und alles hinausgezögert hat, was Sie verlangten, dann sprechen diese Verhaltensmuster durchaus dafür, daß sie glaubt, Sie

seien es nicht wert, daß sie Ihnen Aufmerksamkeit schenkt.

4. *Fragen Sie den anderen, was er denkt.* »Können Sie mir sagen, was Sie daran hindert, das Dach reparieren zu lassen?« Wenn sie kein Blatt vor den Mund nimmt, kann es sein, daß Sie ordentlich was zu hören kriegen. Es kann sich herausstellen, daß sie sich Zeit läßt, weil sie immer noch sauer ist, weil Sie mit dem Umzugslaster ihre Petunien plattgewalzt haben.

5. *Suchen Sie Rat bei Menschen, die den anderen kennen.* Wenn Ihnen Ihre Vermieterin ausweichend antwortet und wenn Sie bereit sind, Ihre Hausaufgaben zu machen, dann überlegen Sie: Wer könnte noch wissen, was in ihrem Kopf vorgeht? Eine gemeinsame Freundin? Eine ihrer Kolleginnnen? Jemand aus ihren Kreisen? Wenn Sie Einblick nehmen wollen in die Ansichten einer Vermieterin, sollten Sie mit einer Person sprechen, die auch vermietet.

Holen Sie sich darüber hinaus Rat bei Menschen, die mit der betreffenden Person bei ähnlichen Problemen zu tun hatten. Sie sind nicht der / die erste, der / die mit ihr wegen einer Reparatur verhandelt. Informieren Sie sich bei Leidensgenossen – Ihren Vormietern. Welche Erfahrungen haben diese mit den Überzeugungen und Einstellungen Ihrer Vermieterin gemacht?

Eine Warnung: Sprechen Sie nur Leute an, von denen Sie sich sicher sind, daß sie Ihre Erkundigungen vertraulich behandeln. Wenn jemand Ihrer Vermieterin davon erzählt, könnte sie falsche Schlüsse hinsichtlich Ihrer Beweggründe ziehen. Sie weiß ja nicht, daß Sie nur ihren Standpunkt kennenlernen wollen.

6. *Suchen Sie nach Beweggründen und Sichtweisen, die sich hin-*

ter oberflächlichen Meinungen verbergen. Wirklich tief verwurzelte Überzeugungen können Sie aufdecken, wenn Sie eine Ansicht, die der andere allem Anschein nach vertritt, näher betrachten und sich fragen, was dahintersteckt. Angenommen, Ihre Vermieterin meint, daß sie nicht verpflichtet sei, das Dach zu reparieren. Was steckt hinter dieser Annahme? Was veranlaßt sie zu dem Glauben, ihre Ansicht sei richtig?

Wenn Sie weiterbohren, stoßen Sie vielleicht auf eine tiefer verwurzelte grundlegende Überzeugung. Möglicherweise glaubt Ihre Vermieterin, aus dem Schneider zu sein, weil ein Nachbar ihr berichtet hat, Sie hätten eine wilde Tanzparty auf dem Dach gefeiert, obwohl ein großes Schild ausdrücklich verbietet, das Dach zu betreten.

7. *Tragen Sie bei einem Brainstorming mögliche Anschauungen zusammen.* Erstellen Sie eine Liste aller Überzeugungen und Einstellungen, die Ihre Vermieterin im Zusammenhang mit der Dachreparatur haben könnte. Gehen Sie die Liste dann Punkt für Punkt durch und streichen Sie alles, was eindeutig nicht der Wesensart der Vermieterin entspricht.

Was tun, wenn die Überzeugungen des anderen irrational sind?

Wenn Sie die Ansichten des anderen allmählich durchschauen, besteht die Gefahr, daß er Ihnen abstoßend oder dumm vorkommt. Je mehr Sie über den anderen erfahren, desto weniger mögen Sie ihn vielleicht.

(Natürlich kann es auch sein, daß der andere *Sie* um so weniger mag, je mehr er über *Sie* erfährt. Genau aus diesem Grund sollten Sie es vermeiden, Ihre eigenen Überzeugungen unüberlegt auszuposaunen. Denken Sie immer an meinen Patzer bei Jennifer, der blonden Kommilitonin, der ich verriet, daß ich Blondinen nicht sonderlich attraktiv fand.) Besseres Verständnis kann einen Keil zwischen Menschen treiben.

Wenn Ihnen die Ansichten der Gegenseite unsinnig erscheinen, sind Sie wahrscheinlich versucht, über sie hinwegzugehen. Sie denken: »Warum sollte ich ihren idiotischen Ansichten Beachtung schenken?« Das ist ein gravierender Fehler. Der andere handelt nämlich auf jeden Fall danach, denn: *Menschen sind überzeugt von ihren eigenen Ansichten.*

Ihr Bild der Realität ist für Sie genauso real wie das, was Sie berühren und riechen. Wenn Sie auf der Straße an einem Bettler vorübergehen, der aussieht, als habe er sich seit Wochen nicht mehr rasiert, und Sie denken bei sich: »Der ist ein Säufer«, dann sehen Sie das genauso deutlich wie die Stoppeln auf seinem Kinn.

Natürlich *kann* Ihre Annahme objektiv wahr sein: Der Mann *kann* ein Säufer sein. Wenn Sie ihm Geld geben, *kann* er es in Fusel umsetzen. Doch ob Ihre Interpretation nun zutrifft oder nicht, Sie *gehen davon aus,* daß sie stimmt. Daher bestimmt Ihre Wahrnehmung – unabhängig von ihrem tatsächlichen Wahrheitsgehalt –, was Sie für ihn zu tun bereit sind; Ihre Wahrnehmung legt Ihre unmittelbare Grenze fest. (Zur Erinnerung: Ihre unmittelbare Grenze bestimmt, was Sie im Augenblick für jemanden zu tun willens und imstande sind.) Wenn Sie denken: »Der arme Kerl ist wohl kürzlich rausgeflogen und braucht ein paar Kröten für eine Mahlzeit«, ist Ihre unmittelbare Grenze nicht sehr eng; Sie sind vielleicht bereit, ihm etwas Geld zu geben.

Noch einmal: unsere Wahrnehmung bestimmt unser Verhalten, gleichgültig ob sie korrekt ist oder nicht. Insofern ist die Wahrnehmung der Wirklichkeit wichtiger als die Wirklichkeit selbst. Während meiner Zeit als Rundfunkjournalist interviewte ich unter anderen einmal einen Mörder namens Willis James Crawford. Sein Fall hatte Schlagzeilen gemacht. Crawford hatte an seiner Dissertation in Physik an der Stanford-Universität gearbeitet, war eines Tages in das Arbeitszimmer seines Professors marschiert, hatte ihm einen Hammer auf den Kopf geschlagen und ihn getötet.

Ich fragte Crawford: »Warum haben Sie das getan?«

Er erklärte mir, er habe dagegen protestieren wollen, wie man in Stanford mit graduierten Studenten umsprang – erst würden sie mit der Hoffnung auf den prestigeträchtigen Abschluß geködert und dann ließe man sie angeblich jahrelang schuften, frustriert und ohne Unterstützung seitens ihrer Professoren. Diese Klage hört man in Graduiertenkreisen vieler Universitäten, und häufig ist sie berechtigt.

Ich hakte nach: »Aber warum gleich ein Mord? Warum haben Sie sich entschlossen, den Professor zu *töten*, wenn Sie protestieren wollten?«

Nun kam der spannendste Moment des Interviews. Crawford zählte die Alternativen auf, die er erwogen hatte: »Ich habe daran gedacht, das Problem den Ehemaligen vorzulegen, ich habe daran gedacht, die Studenten aufzuwiegeln, ich habe an Vandalismus gedacht, ich habe an politische Aktionen gedacht ...« Und so fuhr er fort, mir zu erklären, warum keine andere Aktion als ein Mord ihren Zweck wirksam erfüllt hätte.

Hatte er, objektiv gesehen, eine Alternative zu Mord? Hätte er seinen Protest anders ausdrücken können? Spielt diese Frage überhaupt eine Rolle? Der Professor ist tot, weil Crawford *überzeugt* war, daß keine andere Aktion genauso wirksam gewesen wäre.

Seine Überzeugung bestimmte sein Handeln. Nicht seine objektive Situation trieb ihn dazu zu töten. Wie er sie wahrnahm, trieb ihn dazu zu töten. Das zeigt, welch mächtige Triebfeder unsere Ansichten sein können. Menschen gründen ihre Entscheidungen nicht auf die nüchterne, objektive Realität. Sie gründen sie auf *ihre Sicht* der Realität – auf ihre Vorstellung im wahrsten Sinne des Wortes.

Machen Sie die Ansichten des anderen zur Grundlage Ihrer Entscheidungen

Es spielt keine Rolle, ob Sie mit den Ansichten des anderen übereinstimmen. Sie sollten es vermeiden, gegen sie zu kämpfen. Sie sollten sie sogar zur Grundlage Ihres weiteren Vorgehens machen.

Wenn Sie jemanden dazu bringen wollen, das zu tun, was Sie möchten, dann schlagen Sie sicher nicht den einfachsten Weg ein, wenn Sie versuchen, seine Überzeugungen zu ändern. Das ist vielleicht sogar unmöglich. Der einfachste Weg besteht darin, ihn nicht *gegen* seine, sondern *wegen* seiner Überzeugungen zum Handeln zu veranlassen.

Wenn Sie die Ansichten des anderen für Ihre Zwecke einspannen, können Sie ein *Nein* in ein *Ja* verwandeln. Ich arbeitete einmal in einem Unternehmen, dessen Materialeinkäufer, na sagen wir mal, schwierig war. Auf jeden dritten eingereichten Antrag, etwas anzuschaffen, stempelte er ein *Abgelehnt*. Es spielte keine Rolle, ob man bei 17 Milliarden Lieferanten nachgefragt und den absolut tiefsten Tiefstpreis ausgehandelt hatte. Dieser Mann genoß es, seine Machtposition auszunutzen und einen zu zwingen, einen noch niedrigeren Preis herauszuschlagen. Wenn man das nicht fertigbrachte, genehmigte er den Antrag nicht. Indem er willkürlich seine Zustimmung verweigerte, gelang es ihm, sich auf fremde Kosten wichtig zu fühlen. Und mit diesem Menschen mußte ich mich herumschlagen.

Ich wollte einen Computer von einem ganz bestimmten Händler, der einen sehr guten Service bot. Zufällig war er auch der günstigste Anbieter. Doch ich wußte, wenn ich das Büro dieses Bürokraten mit drei Angeboten betrat und ihm just an dem Tag danach war, seine Muskeln spielen zu lassen, würde er den Stempel *abgelehnt* auf meinen Antrag knallen.

Als erstes überlegte ich, ob ich nicht beantragen sollte, den Computer bei einem Händler mit miesem Service und hohen Preisen zu kaufen; dann würde er wegen des Preises nein sagen, und ich konnte mit dem niedrigeren Preis des Händlers, bei dem ich eigentlich kaufen wollte, nachkarten. Der Haken daran war nur, daß er zufällig auch bei leidlicher Laune sein konnte und den hochpreisigen Händler akzeptierte. Dann mußte ich mich mit einem Händler mit miesem Service herumschlagen – und das würde meine Firma auch noch mehr Geld kosten!

Wie sollte ich mit einem Mann umgehen, der sich so selbstbezogen und so irrational verhielt? Was konnte ich tun?

Überhaupt nichts. Zumindest kam ich anfangs zu diesem Schluß. Doch dann beschloß ich, seine Ansichten unter die Lupe zu nehmen. Ich betrachtete meinen Anschaffungswunsch von *seiner* Warte aus. Ich fragte mich: »Warum *sollte* er mich aus seiner Sicht den Rechner kaufen lassen? Und warum sollte er es *nicht* tun?«

Ich wußte, warum er es nicht tun sollte. Er hatte mich bis jetzt noch nicht schikaniert. Piepegal, daß ich den besten Preis bereits ermittelt hatte. Er hegte die Ansicht, daß ich es nicht verdiente, das Gewünschte zu bekommen, bevor er mich nicht hatte abblitzen lassen und mich gezwungen hatte, 25 000 weitere Händler anzurufen und dann wieder auf Knien zu ihm hinzurutschen. Bevor er nicht sein Machtspielchen gespielt hatte, würde er nein sagen.

Wie konnte ich diesen Ablehnungsgrund in einen Zustimmungsgrund verwandeln?

(Einer der Vorzüge der Frage »Warum sollte der andere etwas nicht tun?« liegt darin, daß Sie seine Einwände vorwegnehmen und sich überlegen können, wie Sie sie entkräften.) Ich dachte bei mir: »Er glaubt, daß er meinen Antrag *nicht* genehmigen *sollte*, wenn er mich noch *nicht* gezwungen *hat*, den besten Preis herauszuschlagen. Deshalb ... hegt er wahrscheinlich noch eine weitere Ansicht – daß er meinen Antrag genehmigen *sollte*, wenn er mich geschurigelt *hat*.«

Ich marschierte in sein Büro, legte die drei Angebote auf seinen Schreibtisch und verkündete: »Sie hatten recht. Ich konnte es billiger kriegen!«

Er brummte: »Sehen Sie? Ich hab's Ihnen ja gleich gesagt!« und stempelte *genehmigt* darauf.

In Wirklichkeit war ich zum ersten Mal wegen der Anschaffung dieses Computers an ihn herangetreten. Er war jedoch so an sein idiotisches Ablehnungsritual gewöhnt, daß er wahrscheinlich sicher war, auch zu mir nein gesagt zu haben. Er glaubte, ich käme zum zweiten Mal zu ihm, nachdem ich das günstigste Angebot gefunden hatte. Ich kam *tatsächlich* zu ihm, nachdem ich das günstigste Angebot gefunden hatte. Sein Ruf, unberechenbar und launisch zu sein, hatte mich *tatsächlich* veranlaßt, mich doppelt und dreifach zu vergewissern, daß ich den besten Preis für die Firma herausgeschlagen hatte. Weil er der Ansicht war, seine Aufgabe bestünde darin, den Leuten Feuer unter dem Hintern zu machen, und weil ich ihm sagte, daß er mich bereits schikaniert hatte, sagte er ganz von selbst ja.

Sollten Sie versuchen, *den anderen* zu ändern – oder Ihr eigenes Vorgehen?

Landläufige Weisheiten:	*Strategische Kommunikation:*
Wenn der andere sich stur zeigt, fordern Sie ihn auf, seine Einstellung zu ändern.	Wenn der andere nicht nachgibt, ändern Sie Ihr Vorgehen.
Nehmen Sie seine idiotischen Ansichten nicht zur Kenntnis.	Beachten Sie das, was er denkt.
Zeigen Sie ihm, daß Sie recht haben.	Überlegen Sie, warum er glaubt, recht zu haben.
Stimmen Sie ihn um, indem Sie seine Überzeugungen angreifen.	Stimmen Sie ihn *mit Hilfe* seiner Überzeugungen um.

Was tun, wenn Sie nicht äußern können, was Sie wollen?

Auch die Rolling Stones lamentierten: »You can't always get what you want«, doch zuweilen tritt eine noch grundlegendere Schwierigkeit auf. Zuweilen können Sie nicht einmal *sagen*, was Sie wollen – denn Sie wissen ganz genau, daß die andere Person dann genau das Gegenteil täte. Aus welchem Grund auch immer, sie ist von vornherein gegen Sie eingestellt, oder sie will Ihnen das Leben schwermachen. Unter solchen Umständen müssen Sie die Gegenseite dazu bringen, einen Schritt zu tun, ohne daß Sie das explizit vorschlagen.

Einer meiner Studenten namens Rich tat genau das. Er war Computerspezialist bei einer großen Consulting-Firma. Seine Chefin war zu einer Besprechung an die andere Küste der USA geflogen und landete dort mit einer handfesten Grippe. Sie rief Rich an und erklärte: »Sie müssen hierherfliegen und mich bei der Sitzung morgen früh vertreten.« Nun war just morgen Richs Hochzeitstag. Doch Rich wußte, was in der Firma diesbezüglich galt: »Persönliches spielt keine Rolle. Was zählt, ist einzig und allein der Termin.« Ihm wäre es natürlich lieber gewesen, wenn seine Chefin die Besprechung verschoben hätte. Doch das konnte er nicht vorschlagen, denn dann hätte er seine Bedürfnisse über die Ansprüche der Firma gestellt. Sein Dilemma war also: Wie konnte er sie dazu bewegen, einen neuen Termin festzusetzen, ohne dies vorzuschlagen?

Er nahm die Ansichten seiner Chefin genau unter die Lupe. Warum sollte sie den Termin, in ihrem eigenen Interesse, verschieben – und warum nicht?

Er wußte, daß sie in erster Linie an die Finanzen dachte.

Sie war ein Geizkragen. Sie machte stets Theater, wenn irgendwas zu teuer war. Sie hatte Theater gemacht, als er *Büroklammern* gekauft hatte, die sie zu teuer fand. Geld war für sie das A und O. Und so überlegte er: »Wie kann ich diese Einstellung für mich nutzen?«

Für einen Anfänger sehr geschickt, beschloß er, seinen Hochzeitstag keinesfalls zu erwähnen. Statt dessen rief er das Reisebüro an. Und danach seine Chefin: »Laut Angaben des Reisebüros muß ich einen elfstündigen Nachtflug nehmen und dreimal umsteigen – aber ich weiß, daß diese Sitzung für Sie wichtig ist, und Sie können sich darauf verlassen, daß ich da sein werde. Ich brauche nur Ihre Genehmigung für den Kauf des Tickets. Der preiswerteste Flug von Küste zu Küste ohne Vorbestellung kostet ... 1875 Dollar.«

In diesem Moment beschloß seine Chefin, das Treffen zu verschieben.

Natürlich hatte Rich das die ganze Zeit beabsichtigt, doch es erwies sich als weitaus besser für ihn, das nicht zu sagen. Da seine Chefin so sehr aufs Sparen sah, kam sie unweigerlich von sich aus auf die Idee, Richs Flug abzusagen.

Daraus folgt, daß Sie, um das zu kriegen, was Sie wollen, es nicht immer offen verlangen müssen. Wenn Sie die Ansichten des anderen geschickt für sich nutzen, können Sie sich darauf verlassen, daß dieser zu genau dem Schluß gelangt, den Sie wünschen.

Ihre Vorstellungen müssen mit denen des anderen harmonieren

Warum beschloß Richs Chefin, die Besprechung zu verschieben? Weil sie glaubte, dadurch Geld zu sparen. Den Flug abzusagen, entsprach ihrer Sparsamkeit.

Damit der andere ja sagt, sollten Sie dafür sorgen, daß sich Ihr Ansinnen in seine bestehenden Überzeugungen einfügt.

Denken Sie daran, wenn jemand mit einer neuen Idee konfrontiert wird, vergleicht und bewertet er sie auf der Folie seiner Ansichten. Wenn Ihre Idee dazu paßt, akzeptiert er sie. Wenn nicht, lehnt er sie ab.

Angenommen, der andere ist überzeugt, daß er Ihnen nicht trauen kann. Sie sprechen ihn an und schlagen ihm vor: »Begraben wir die Vergangenheit und vertrauen einander« – ein Standardfriedensangebot. Überlegen Sie nun, was in Ihrem Gegenüber vorgeht. Er vergleicht Ihren Vorschlag – »Vertraue mir« – mit dem, was er über Sie weiß, nämlich daß Sie nicht vertrauenswürdig sind. Er sagt also nein.

Bedeutet das, daß Sie nun endgültig abgeschmettert sind? Mit Sicherheit nicht. Überlegen Sie jedesmal, wenn jemand nein sagt: Welche seiner Ansichten hindert ihn daran, das zu tun, was ich möchte? Welche seiner Überzeugungen, Einstellungen oder Deutungsmuster steht mir im Weg? Vielleicht können Sie die betreffende Ansicht zu Ihrem Vorteil wenden.

Wenn jemand mich für nicht vertrauenswürdig hält, erwidere ich ihm manchmal: »Ich erwarte nicht, daß Sie mir trauen! Sie sollten keine Vereinbarung unterzeichnen, bevor Sie nicht überzeugt sind, daß Ihnen das nützt.« Damit erkläre ich: Ich fordere nicht, daß mein Gegenüber mir vertraut. Ich verlange etwas anderes – daß er prüft, ob das Ergebnis in seinem Interesse ist.

Wenn ich Erfolg habe, denkt der andere: »Er bittet mich zu beurteilen, ob diese Vereinbarung in meinem Sinne ist? Kein Problem. Ich werde das auf alle Fälle machen!« Er merkt, daß das, was ich will, sich einfügt in das, wovon er bereits überzeugt ist.

Also sagt er ja.

Jedesmal, wenn Sie die Gegenseite zum Ja-Sagen gebracht haben, dann ist Ihnen das deshalb gelungen, weil Ihr Ansinnen mit deren Überzeugungen harmoniert. Sie hat Ihr Anliegen mit ihrem eigenen Standpunkt verglichen und ist zu dem Schluß gelangt: »Hier besteht Übereinstimmung!«

Ihrem Erfolg liegt eine Ansicht des anderen zugrunde.

Wählen Sie genau aus, auf welche Vorstellung Sie bauen wollen

Als ich zur Grundschule ging, gab es für die vierte Klasse drei Lehrer, und meine Mutter wollte sicherstellen, daß ich den besten bekäme. Daher bat sie den Direktor, bei allen drei Unterrichtsbesuche machen zu dürfen. Er sagte: »In Ordnung, aber das wird nichts ändern. An unserer Schule teilen wir die Kinder den Klassen grundsätzlich selbst zu.« Meine Mutter besuchte den Unterricht und fand, daß Mrs. Olexo die weitaus beste Lehrerin war. Doch wie konnte sie dafür sorgen, daß ich Mrs. Olexo bekam? Der Schulleiter war der Meinung, daß nicht die Eltern die Lehrkräfte auszuwählen hatten. Wenn sie ihn nun einfach gebeten hätte, mich in Mrs. Olexos Klasse zu schicken, hätte er bloß erneut auf seine Grundsätze verwiesen. Ihren Wunsch bloß zu äußern, hätte nicht genügt. Sie mußte sich eingehender mit den Vorstellungen des Direktors befassen. Sie überlegte: »Warum sollte er von seinem Standpunkt aus zulassen, daß ich die Lehrkraft auswähle – und warum sollte er das nicht tun?«

Er *sollte* dies *nicht* zulassen, weil er glaubte, daß er diese Frage besser entscheiden konnte als sie. Und ihrer Forderung Folge zu leisten hätte Unruhe in den Schulbetrieb gebracht. Er glaubte, als vielbeschäftigter Dirketor sollte er ... *Unruhe vermeiden.*

Aha! Diese Ansicht beschloß Mutter ins Visier zu nehmen. Sie sagte zu ihm: »Ich möchte Ihnen etwas über David verraten. Er kann ein wunderbarer Junge sein, und er kann ein Kotzbrocken sein. Wie er sich aufführt, hängt ganz vom Lehrer ab. Und ich kann Ihnen sagen, daß Mrs. Olexo das richtige Händchen für ihn hat. Bei ihr wird er sich wunderbar benehmen. Bei den beiden anderen Lehrern wird er unausstehlich sein. Also: er ist zufrieden, ich bin zufrieden, und *Sie* sind zufrieden, wenn er in Mrs. Olexos Klasse kommt.«

Ich kam ohne Probleme in Mrs. Olexos Klasse. (Mit dieser Methode verschaffte mir meine Mutter während der gesamten Grundschulzeit die richtigen Lehrer.)

Der Direktor stand auf dem Standpunkt, daß nicht die Eltern die Lehrer auszusuchen hätten. Trotzdem überzeugte ihn Mutter, weil sie auf eine noch einflußreichere seiner Überzeugungen baute – die, daß er Unruhe möglichst zu vermeiden habe. Sie malte ihm das Bild eines tobenden Viertkläßlers aus, und dieses Bild war wenig reizvoll. Sie brachte den Schulleiter zu der Einsicht, daß ihre Bitte um

Mrs. Olexo auf einer Linie mit seiner Überzeugung lag, daß er für einen reibungslosen Schulbetrieb zuständig sei. Die Moral von der Geschichte: in jedem Menschen stecken zahlreiche Überzeugungen, die sein Handeln leiten. Allerdings können Sie wählen, welche Sie nutzen wollen. Wenn Ihr Gegenüber aufgrund einer Vorstellung handelt, die für Ihre Zwecke ungünstig ist, dann werfen Sie nicht gleich die Flinte ins Korn. Fragen Sie sich, welche Ansichten er noch vertritt.

Schlagen Sie eine Ansicht Ihres Gegenüber mit einer zweiten

Als frischgebackener College-Absolvent hatte ich mit der typischen negativen Ansicht über Leute meines Alters zu kämpfen: Ich war zu jung, um irgend etwas zu wissen oder zu können. Niemand nahm mich ernst. Doch weil mir klar war, was die anderen dachten, konnte ich etwas dagegen unternehmen.

Natürlich konnte ich mich nicht hinstellen und offen fordern: »Ich verlange Respekt!« Das hätte die falsche Ansicht nur bestärkt. Die anderen hätten gedacht: »Ungeduldiger Bursche! Er kriegt Respekt, wenn er ihn sich verdient hat!« (»Ich verlange Respekt!« hätte etwa genauso gewirkt wie »Vertrauen Sie mir!« Offenes Einfordern hätte niemanden dazu gebracht, das Geforderte zu tun.)

Statt dessen begann ich, Anzüge zu tragen. Denn so dumm es auch klingt, viele von uns denken: »Ein Mann im Anzug! Dieser Mensch muß etwas Wichtiges zu sagen haben!« Die alles überwiegende Einstellung der anderen zu meinem Anzug überzeugte sie mehr als ihr Vorurteil gegen mein Alter. Es kann sehr schwierig sein, gegen die Ansichten eines anderen anzukämpfen. Wenn Sie dazu gezwungen sind, sollten Sie sich Unterstützung verschaffen – von der Gegenseite. Wappnen Sie sich mit einer *vorrangigen Vorstellung* des anderen – eine der Überzeugungen, die für sie mehr Gewicht hat als die für Sie nachteilige Ansicht, gegen die Sie vorgehen wollen.

Ich bediente mich zu Beginn meiner Beziehung zu Naomi einmal einer solchen vorrangigen Ansicht; wir hatten uns heftig gestritten und zweifelten beide, ob unsere Beziehung das überstehen würde. Sie schlug einen gemeinsamen Spaziergang am Strand vor. Später erzählte sie mir, daß sie mit dem Gedanken an den Strand kam: »Das ist wahrscheinlich das Ende. Ihm liegt nichts an mir.« Ich vermutete jedoch, daß sie noch einen anderen Gedanken im Kopf hatte: »Ich will, daß diese Beziehung hält – *wenn* er mir zeigt, daß ihm etwas an mir liegt.« Zu meinem Glück war das ihre vorrangige Vorstellung. Und um mir diese zunutze zu machen, tat ich etwas, das alles andere als originell war. Ich erschien mit einer Rose. Doch auf Originalität kommt es nicht an; was zählt, ist das Ergebnis. Das Ergebnis war eine Rosamunde-Pilcher-Szene. Sie warf ihre Arme um meinen Hals, und wir brachen beide in Tränen aus – nunmehr fest entschlossen, alles zu klären, weil uns beiden nämlich sehr viel am anderen lag.

Wie erkennen Sie eine vorrangige Ansicht?

Eine vorrangige Ansicht hat zwei Seiten:
- Mit ihr läßt sich die Ansicht, die Sie aufs Korn nehmen wollen, *widerlegen.*
- Sie ist zudem für Ihr Gegenüber *überzeugender.*

Greifen Sie auf den Abschnitt *Wie finden Sie heraus, was im Kopf des anderen vorgeht* zurück. Wenden Sie die sieben dort beschriebenen Verfahren an, und notieren Sie sich möglichst viele Vorstellungen des anderen.

Gehen Sie dann Ihre Liste durch, und prüfen Sie, mit welcher Auffassung sich die Überzeugung, die Sie angehen wollen, *widerlegen* lassen könnte.

Als nächstes müssen Sie feststellen, ob die neue Ansicht, die Sie auf diese Weise ermittelt haben, für den anderen tatsächlich *überzeugender* ist. Schreiben Sie daher beide Vorstellungen nebeneinander, und wägen Sie ab, welche davon für Ihr Gegenüber mehr Gewicht hat.

Bedenken Sie, welche Werte der andere vertritt. Welche der beiden Ansichten hält er höher? Werfen Sie einen Blick auf ihr früheres Verhalten. Welche der beiden Überzeugungen gab in Situationen, in denen diese in Konflikt gerieten, den Ausschlag? Statt sich selbst können Sie auch Menschen befragen, die die betreffende Person kennen und oft Gelegenheit hatten, sie zu beobachten.

Wie Sie Ihr Gegenüber zur Kooperation
bewegen, auch wenn diese *verweigert* wird

Eine vorrangige Ansicht ist so einflußreich, daß Sie sie dazu nutzen können, Ihr Gegenüber selbst dann zur Zusammenarbeit zu bewegen, wenn es eingangs fest entschlossen ist, gerade dies nicht zu tun.

Einer landläufigen Weisheit zufolge können Sie einen Streit nur dann beilegen, wenn der andere dies ebenfalls will. Doch Menschen, die miteinander streiten, steht der Sinn selten nach Kooperation. Es ist *normal*, daß sie sich weigern, einander entgegenzukommen.

Das bedeutet nicht, daß der Stein des Anstoßes nicht aus dem Weg zu räumen wäre. Sie können den nötigen Diskussionsprozeß in Gang bringen, ohne jemanden um Erlaubnis zu bitten – wenn Sie strategisch denken.

Doch werfen Sie zunächst einmal einen Blick auf das übliche menschliche Verhalten. Weil wir glauben, daß Verhandeln ohne das Einverständnis des anderen unmöglich sei, beginnen wir mit der Frage: »Wollen wir das nicht ausdiskutieren?«

Überlegen Sie sich gut, ob Sie diese Frage stellen.

Fragen Sie jemanden: »Wollen Sie verhandeln?«, können Sie sämtliche Chancen auf eine Lösung zunichte machen.

Nehmen wir an, Sie haben dem Kücheneinrichter Dave den Auftrag erteilt, Ihnen eine neue Küche einzubauen, und müssen nun feststellen, daß seine Rechnung den von Ihnen gebilligten Kostenvoranschlag um 750 DM überschreitet. Als Sie höflich nach den Gründen für diese Differenz fragen, geht Dave sofort an die Decke.

Nun überlegen Sie, ob Sie Dave zur Vernunft bringen

können, ohne einen Killer anzuheuern – was auch eine Form der Konfliktlösung wäre –, und fragen ihn deshalb: »Können wir darüber reden?«

Klingt vernünftig – ist aber *nicht* strategisch. Überlegen Sie mal: Sie diskutieren *ja schon* über die Rechnung; dazu brauchen Sie sein Einverständnis nicht. Es liegt auf der Hand, daß er nicht nachgeben will. Wenn Sie ihn also bitten, in Verhandlungen einzusteigen, was wird er antworten?

Erraten: *Nein!* Er wird erklären, daß es nichts zu verhandeln gebe.

Wenn Sie die Angelegenheit bereinigen wollen, nützt es gar nichts, wenn Sie Dave dazu auffordern, sich genau *dagegen*zustemmen. Und exakt das erreichen Sie, wenn Sie ihn fragen: »Können wir darüber reden?«

Warum weigert sich der andere? Dave sagt nein aufgrund seiner Ansichten:

- »Wenn ich Verhandlungen zustimme, glaubt der andere, ich sei bereit nachzugeben.«
- »Es könnte darauf hinauslaufen, daß ich endlos Zugeständnisse machen muß. Wer weiß, wieviel ich nachlassen muß, bis er zufrieden ist!«
- »Ich sollte ihm nicht entgegenkommen, wenn nicht auch er mir entgegenkommt.«
- »Es gibt keinen Grund, jetzt zu verhandeln. Das kann ich später immer noch tun, wenn ich will.«
- »Es hat keinen Sinn, vernünftig mit ihm reden zu wollen. Er ist doch gar nicht bereit, seine Meinung zu ändern.«
- »Er ist ein schwieriger Kunde. Warum sollte ich ihm unnötig Zeit opfern?«

Häufig erklären solche Einstellungen, warum jemand es ablehnt zu verhandeln. Man beachte, wie logisch sich Dave verhält. Wir halten einen Menschen, der nicht mit sich reden lassen will, für unvernünftig und dickköpfig. Das ist hier nicht der Fall. Dave verhält sich vernünftig. *Er reagiert auf Ihre Aufforderung.*

Wenn Sie jemanden darum bitten zu verhandeln, dann ist das, als ob Sie ihn in einen dunklen Raum führen und fragen: »Gefällt Ihnen das, was Sie sehen?« Genausogut könnten Sie fragen: »Wollen Sie dieses Auto kaufen?« und den Preis nicht nennen. Sie verlangen vom anderen, sich blind, ohne weitere Information, auf eine Verpflichtung einzulassen. Kein Wunder, daß Dave nein sagt.

Wir glauben, die Lage sei hoffnungslos, wenn sich jemand weigert zu verhandeln. Das stimmt nicht unbedingt. Häufig ist einfach nur unser Vorgehen problematisch.

Den anderen zum Verhandeln bewegen. Das richtige Vorgehen kann alles ändern. Ein Chemieunternehmen will eine Müllverbrennungsanlage für giftige Abfälle errichten. Eigentlich kein Problem – nur will es sie genau neben einem Wohngebiet bauen. In dem Viertel wohnen kritische Bürger, die messerscharf schließen, daß die Abluft eines Giftmüllofens den Wohnwert ihres Eigentums nicht gerade ins Unermeßliche steigert, ganz zu schweigen von ihrer eigenen Lebenserwartung.

Im Stadtrat sind die Meinungen geteilt, ob die Anlage genehmigt werden soll oder nicht. Zwei Ratsmitglieder sind dafür, zwei dagegen und eines unentschieden. Der Bürgermeister zieht mich hinzu, um eine Vereinbarung zwischen der Firma und den Anwohnern auszuhandeln, die allen gerecht wird.

Die Justitiarin der Firma erklärt mir: »Ich würde sehr gern verhandeln. Leider [tiefer Seufzer des Bedauerns] sind die Anwohner nicht dazu bereit. Sie sollten sie fragen, ob sie willens sind, einen Kompromiß zu schließen. Ich bezweifle allerdings, daß sie auch nur zu einem *Gespräch* bereit sind.«

Hört sich das nicht ein bißchen verdächtig an? In meinen Ohren tut es das auf jeden Fall. Mich beschleicht das Gefühl, daß die Anwältin des Chemieunternehmens *weiß*, daß die Anwohner ein Treffen ablehnen. Sie *will*, daß sie das tun. Sie würde mit dem größten Vergnügen zum Stadtrat sagen: »Sehen Sie, ich habe es Ihnen gleich gesagt! Diese Leute sind so stur, daß sogar ein erfahrener Vermittler sie nicht an den Verhandlungstisch kriegt. Jetzt besteht kein Grund mehr, den Bau der Verbrennungsanlage weiter hinauszuzögern.«

Sie ist nicht kompromißbereiter als die Anwohner. Doch sie glaubt, ihre Firma müsse nach außen offen und aufgeschlossen *scheinen*, um die Genehmigung zu bekommen. Obwohl sie Verhandlungen abgeneigt ist, hegt sie eine vorrangige Ansicht, nämlich: »Um die Genehmigung zu bekommen, muß ich einsichtig scheinen.« Wie kann ich diese vorrangige Auffassung nutzen, um sie zu Verhandlungen zu bewegen?

Meine Strategie sieht folgendes vor: Zu den Anwohnern sage ich: »Um die Müllverbrennungsanlage zu verhindern, müssen Sie das unentschiedene Ratsmitglied auf Ihre Seite bringen. Es muß erkennen, daß Sie sich einsichtig verhalten. Wie wäre es, der Justitiarin Verhandlungen vorzuschlagen, an jedem gewünschten Ort, jederzeit, ohne Vorbedingungen?« Die Anwohner gehen nur zu gern darauf ein.

Raten Sie mal, wer sich schwarz ärgert.

Sie haben recht: die Justitiarin des Chemieunternehmens.

Ich habe ihr Täuschungsmanöver durchkreuzt. Nun kann sie nicht mehr so tun, als sei sie zu Verhandlungen bereit, und trotzdem nicht verhandeln. Sie kann nicht mehr beides haben. Sie stimmt einer Unterredung mit den Anwohnern zu.

Anfangs lehnen auch die Anwohner Verhandlungen ab. Beide Seiten lassen sich schließlich dazu herbei, weil sie zu der Ansicht gelangen, daß sie Einsicht zeigen müssen, um das unentschiedene und damit entscheidende Ratsmitglied für sich zu gewinnen.

Ich stütze mich auf die vorrangige Ansicht beider Seiten, daß sie einsichtig *erscheinen* müssen, um sie dazu zu bewegen, tatsächlich einsichtig zu *sein*. *Nutzen Sie die Vorstellungen des anderen, um ihn zu überzeugen.*

Was tun, wenn der andere nicht kooperieren will?

Landläufige Weisheiten:	*Strategische Kommunikation:*
Schlagen Sie eine Unterredung vor, um das Problem aus der Welt zu schaffen.	Hüten Sie sich, um Verhandlungen zu bitten! Ihr Gegenüber sagt sonst vielleicht nein und stellt sich stur.
Menschen sind einsichtsfähig; daher sind sie zu einem klärenden Gespräch bereit.	Bei einem Konflikt weigern sich Menschen häufig zu kooperieren.
Ein Problem läßt sich nicht lösen, wenn nicht alle Beteiligten guten Willen zeigen.	Sie können die Lösung des Problems in Angriff nehmen, ohne um Erlaubnis zu bitten.
Wenn Verhandlungen abge-	Wenn Verhandlungen abge-

lehnt werden, dann ver-
schwenden Sie nicht Ihre Zeit
damit, zum Verhandeln zu
motivieren.

lehnt werden, dann nutzen
Sie eine vorrangige Ansicht,
um zu Verhandlungen zu
motivieren.

Wenn Sie eine Auffassung der Gegenseite ablehnen, dann probieren Sie es mit einer anderen

In New York lebte einmal ein junger Mann, der gerade seinen College-Abschluß gemacht hatte. Wie viele andere College-Absolventen hatte er keine Ahnung, was er nun damit anfangen sollte. Er überlegte: »Was kann ich mit einem Abschluß in Biologie anstellen?«

Schließlich fiel ihm etwas ein. Er stellte sich in den Central Park und bot den Leuten an, sie für sieben Dollar im Park herumzuführen und ihnen alle Pflanzen im Park zu zeigen, die eßbar waren. Dies drang bis zur Polizei durch. Die prompt den jungen Mann wegen Beschädigung öffentlichen Eigentums verhaftete.

Eine Fernsehreporterin bekam Wind davon, daß dieser Mann im Gefängnis saß. Sie stürmte mit laufender Kamera in das Büro eines Beamten der Parkverwaltung und hielt ihm ein Mikrofon unter die Nase: »Herr Sowieso, in diesem Augenblick machen sich Zuhälter, Prostituierte und Drogendealer – der Abschaum der Gesellschaft – in Ihrem Park breit. Warum verschwenden Sie unsere Steuergelder damit, wegen eines Bagatellvergehens wie ›Essen im Park‹ einen Unternehmer zu inhaftieren, der seinen Lebensunterhalt ehrlich verdient?«

Die Beamte reagierte nicht sofort auf den Vorwurf der

Reporterin. Er nahm sich einen Augenblick Zeit, um ihre Vorstellungen zu ergründen. Dann lächelte er in die Kamera: »Sie verstehen nicht, worum es geht. Dieser Mann ißt nicht *im* Park. Er *ißt den Park!*«

Die Reporterin war sofort entwaffnet. Der Grund wird klar, wenn man ihre Ansicht genauer betrachtet. Sie glaubte: »Essen im Park ist kein Vergehen.« Doch sie hegte darüber hinaus eine vorrangige Ansicht: »Den Park zu *zerstören, ist* ein Vergehen.«

Diese vorrangige Auffassung sprach der Beamte an. Er rückte das Tun des Mannes in ein neues Licht: dieser aß nicht im Park, sondern er zerstörte den Park. So entschärfte er eine für ihn brenzlige Situation.

Wenn die unmittelbar auf der Hand liegende Meinung Ihres Gegenübers Ihren Zwecken nicht dient, dann suchen Sie nach einer anderen, die Ihnen nützt. Gewöhnen Sie sich an zu fragen: »Was denkt der andere? Welche Vorstellungen hegt er – und auf welche kann ich aufbauen?«

Versteifen Sie sich nicht auf eine Ansicht, mit der Sie nur schwer umgehen können. Seien Sie findig; suchen Sie nach anderen.

Bevor Sie nun den Hebel ansetzen, sollten Sie Ihr Vorgehen noch einmal genau daraufhin abklopfen, ob es auch wirklich funktionieren kann. Sie wollen doch sicher nicht, daß Sie genau in dem Augenblick, in dem der Erfolg zum Greifen nah scheint, etwas äußern, das die Situation *verschlimmert?*

Wie können Sie ermessen, ob Ihr Schuß nach hinten losgehen könnte?

An dieser Stelle setzt der letzte strategische Schritt an.

Kernpunkte zur Anwendung des
strategischen Schritts Nr. 3:
Nutzen Sie die Ansichten des anderen,
um ihn zu überzeugen

1. Hüten Sie sich vor dem Glauben: »Was der andere denkt, ist sein Problem.« Wenn Sie versuchen, jemanden zu überzeugen, ist eben das, was in seinem Kopf vorgeht, *Ihr* Problem. Menschen gründen ihr Wollen und Tun auf ihre eigenen Ansichten, nicht auf die Ihren.

2. Nutzen Sie die folgenden sieben Methoden, um dahinterzukommen, was Ihr Gegenüber denkt:
   - Überlegen Sie: Warum sollte der andere etwas tun? Und warum sollte er nicht?
   - Überdenken Sie frühere Äußerungen des anderen.
   - Suchen Sie nach Regelmäßigkeiten in seinem Verhalten.
   - Fragen Sie ihn, was er denkt.
   - Suchen Sie Rat bei Menschen, die Ihr Gegenüber kennen.
   - Suchen Sie nach Auffassungen, die sich hinter oberflächlichen Meinungen verbergen.
   - Tragen Sie in einem Brainstorming mögliche Ansichten zusammen.

3. Sorgen Sie dafür, daß der andere sieht, daß Ihr Ansinnen sich in seine bestehenden Vorstellungen einfügt. Jeder, der mit einer neuen Idee konfrontiert wird, vergleicht sie mit seinen vorgefaßten Meinungen, um sie zu beurteilen. Wenn Ihre Idee dazu paßt, akzeptiert er sie. Wenn nicht, lehnt er sie ab.

4. Wählen Sie eine Auffassung aus, auf die Sie aufbauen

wollen. Wenn der andere sich gemäß einer Ansicht verhält, die für Sie ungünstig ist, werfen Sie nicht gleich die Flinte ins Korn. Fragen Sie sich, welche anderen Vorstellungen die Person noch hegt.

5. Schlagen Sie Ihr Gegenüber mit seinen eigenen Waffen. Stützen Sie sich auf eine *vorrangige Ansicht* des anderen, eine Überzeugung, die für ihn mehr Gewicht hat als diejenige, die Sie aufs Korn nehmen möchten.

6. Hüten Sie sich davor, zu Verhandlungen aufzufordern! Ihr Gegenüber lehnt vielleicht ab und stellt sich stur. Nutzen Sie lieber eine vorrangige Ansicht, um denjenigen zur Zusammenarbeit zu bewegen.

Strategischer Schritt Nr. 4:
Sagen Sie die Reaktion des anderen vorher

Sie sind wild entschlossen zurückzuschlagen, dem anderen »gründlich die Meinung zu geigen«. Ein guter Rat: *Tun Sie's nicht.* Lassen Sie sich nicht in die Karten schauen. *Spielen* Sie Ihre Trümpfe *aus.* Was Sie gerade sagen wollen, macht vielleicht alles schlimmer. Häufig läßt sich solch ein Ergebnis vorhersagen. Dieses Kapitel zeigt Ihnen, wie.

Stellen Sie einmal folgendes Experiment mit Ihren Freunden an, vielleicht auf einer Party. Ich mache das immer bei Konferenzvorträgen. Ich öffne meine Brieftasche, nehme einen 20-Dollar-Schein heraus, halte ihn hoch, damit ihn jeder sieht, und verkünde: »Ich werde jetzt diesen 20-Dollar-Schein versteigern. Sie können mitbieten oder zusehen. Ganz wie Sie möchten. Ich meine das ganz ernst. Ich werde jemandem in diesem Raum den Zuschlag für diesen Geldschein erteilen, und ich werde das Geld eintreiben.

Es gelten folgende Grundregeln: Sie dürfen sich mit niemandem in diesem Raum absprechen. Geboten wird in ganzen Dollars, nicht in Cents. Aber diese Versteigerung unterscheidet sich durch eine Besonderheit von anderen: Ich werde nicht bloß das Höchstgebot einkassieren, sondern zusätzlich auch das zweithöchste Gebot. Wenn also die beiden höchsten Gebote vier Dollar von Nancy und drei Dollar von Bill lauten, zahlen sie mir beide, was sie geboten haben, und Nancy erhält den 20-Dollar-Schein.

Also, wer bietet einen Dollar für diese 20-Dollar-Note?«

Die Ergebnisse sind vorhersagbar. Jemand schreit: »Drei Dollar!« Ein anderer ruft: »Vier Dollar!« Und immer mehr Leute bieten, bis etwa 13 Dollar geboten sind. Dann steigt ein Bieter nach dem anderen aus. Schließlich bleiben nur die beiden höchsten Gebote.

In diesem Augenblick merken die Bieter, daß sie in die Falle getappt sind. Wenn sie nicht mehr mitbieten, riskieren sie, an zweiter Stelle zu landen und alles zu verlieren. Wenn sie weiterbieten, erhalten sie vielleicht den Zuschlag, müssen aber mehr als 20 Dollar bezahlen. In der Regel ziehen es beide Bieter vor, ein wenig mehr zu berappen, als alles zu verlieren. Also fahren sie fort, sich zu überbieten.

Was glauben Sie, wie weit?

17 Dollar? 18 Dollar? Wären Sie überrascht, wenn das Gebot fast immer über 20 Dollar hinausgeht?

Das tut es nämlich.

Brüllendes Gelächter erschüttert das Auditorium, wenn einer 21 Dollar bietet, dann 22, 23 und noch mehr. Wie hoch das Gebot auch steigt, die Logik bleibt dieselbe. Würden nicht auch Sie lieber ein wenig mehr bieten, als alles zu verlieren? Also steigern sich die Gebote weiter. Oft bis auf 35 Dollar. Zuweilen auch darüber.

Raten Sie mal, wie hoch die beiden letzten Gebote bei meiner erfolgreichsten Auktion lagen. Ich veranstaltete sie mit einer Gruppe ausländischer Manager an der Universität von Kalifornien in Berkeley. Die Versteigerung lief seit einer halben Stunde, und keiner der beiden Höchstbieter schien nachgeben zu wollen – obgleich beide vor Nervosität am ganzen Körper zitterten. Um also die Auktion zu einem Ende zu bringen, bat ich sie, ihr letztes Gebot schriftlich abzugeben. Ich bat sie zudem, nicht mehr zu bieten, als sie sich zu verlieren leisten konnten.

Der eine, ein Ägypter, bot ... 7500 Dollar. Er verlor.

Der andere, der aus Lateinamerika kam, bot ... 15000 Dollar.

Ich habe ihre Gebote aufbewahrt, um einen Beweis dafür in Händen zu haben, daß dies wirklich geschehen ist. (Falls es Sie interessiert, ich habe das Geld nicht eingefordert. Normalerweise verlange ich einen Scheck zugunsten einer Wohltätigkeitsorganisation nach Wahl des Gewinners, doch diesmal leider nicht.)

Diese Versteigerung illustriert überdeutlich einige Kernpunkte. Wenn Sie sich beteiligen, übersehen Sie zunächst einmal nur allzu leicht, wie Ihr Mitbieter reagiert. Sie bieten mit, weil Sie die Aussicht auf leicht verdientes Geld lockt. Sie möchten einen 20-Dollar-Schein für drei oder vier Dollar. Klingt nach einem Schnäppchen.

Sie halten nicht inne und überlegen, wie ein Mitbieter auf Ihren Schritt reagiert. Sie überlegen nicht, daß er Sie überbieten wird, wenn Sie ein niedriges Gebot abgeben – und daß Sie dann entscheiden müssen, ob Sie bieten und draufzahlen oder ob Sie immer mehr bieten.

Wenn Sie dagegen überlegen, wie der andere reagiert, bevor Sie ein Gebot abgeben, lassen sich die Folgen sehr leicht vorhersehen. Dies ist ein weiterer Aspekt, den die Auktion illustriert: *Menschliches Verhalten ist vorhersagbar.* Wenn Sie also innehalten, um die Reaktion Ihres Mitbieters vorherzusagen, können Sie eine solche vorhersehbare Falle umgehen.

Menschen verhalten sich vorhersagbar? Und ob.

Menschliches Verhalten *ist* vorhersagbar

Nach landläufiger Meinung sind Menschen so komplex, daß sie sich jedem Versuch einer Vorausberechnung entziehen. Im vorigen Kapitel habe ich selbst geschrieben, daß Menschen nicht so berechenbar sind wie Schachfiguren. Ich habe darauf hingewiesen, daß es meist unmöglich ist, die Handlungen einer anderen Person auf vier oder fünf Schritte im voraus vorherzusagen.

Doch viele ziehen daraus den voreiligen Schluß, daß Menschen überhaupt nicht berechenbar seien. Und das ist schlichtweg falsch. Denn Psychologen haben ein ums andere Mal nachgewiesen, daß menschliches Verhalten vorhersagbar *ist*. Die gesamte Experimentalpsychologie beruht auf dieser Tatsache. Eine der Methoden, mit der Psychologen eine Theorie zum menschlichen Verhalten testen, ist auf der Grundlage dieser Theorie vorherzusagen, wie Menschen handeln werden.

Nehmen wir als Beispiel die Theorie, wonach unsere Ansichten unser Verhalten formen. Erinnern Sie sich noch daran, wie die UCLA-Forscherin diese Theorie überprüfte? Sie sagte das Verhalten von Kindern damit vorher. Sie gab Grundschülern ein Puzzle, das sie legen sollten. Wie Sie vielleicht noch wissen, ließ sie ihnen dazu aber so wenig Zeit, daß kein Kind die Aufgabe lösen konnte. Zuvor sagte sie jedoch keinem der Kinder, daß die Aufgabe unlösbar war. Sie machte vielmehr die eine Gruppe glauben, sie habe aufgrund mangelnder Fähigkeiten versagt. Die andere Gruppe versetzte sie in den Glauben, sie sei gescheitert, weil sie sich nicht genug Mühe gegeben habe. Dann legte sie allen Kindern ein anderes Puzzle vor. Aufgrund der Theorie, wonach unsere Ansichten unser Verhalten bestimmen, *sagte sie voraus*, daß die Kinder, die sich für unfähig hielten, bei diesem Puzzle früher aufgeben würden. Zudem *sagte sie vorher*, daß die Kinder, die glaubten, sich nicht genügend angestrengt zu haben, sich länger an der neuen Aufgabe versuchen würden. Ihre Vorhersagen erwiesen sich als richtig.

Lassen Sie sich daher nicht von dem Märchen einwickeln, es sei unmöglich, menschliches Verhalten vorherzusagen. Wie jede andere Voraussage auch muß die Vorhersage menschlichen Verhaltens nicht immer zu 100 Prozent richtig sein. Die Reaktion eines Menschen vorherzusehen, ähnelt ein bißchen der Wettervorhersage: Sie dürfen nicht erwarten, daß Sie immer ins Schwarze treffen, doch eine gute Vorhersage hilft Ihnen, Ärger zu vermeiden.

Sollten Sie die Reaktion Ihres Gegenübers vorausberechnen?

Landläufige Weisheiten:	Strategische Kommunikation:
Ein Problem läßt sich nicht durch Vorhersage lösen.	Ein Problem läßt sich durch Vorhersage vermeiden.
Menschliches Verhalten ist nicht vorhersagbar.	Viele verbreitete Probleme sind vorhersagbar.
Es hat also keinen Sinn, die Zukunft vorhersehen zu wollen.	Man sollte also überlegen, was der andere wahrscheinlich tun wird.

Ihr Handeln kann Teil des Problems sein

Wie oft haben Sie schon den Schauplatz eines Streits verlassen und sich gefragt: »Wie ist das bloß passiert? Wieso ist das so aus dem Ruder gelaufen?« Sie können einfach nicht verstehen, warum eine harmlose Auseinandersetzung eskalierte, vielleicht sogar bis zum Verlust des Arbeitsplatzes oder dem Zerbrechen einer Beziehung. Da wir ein solches Ende mit Schrecken niemals beabsichtigen, überrascht es uns stets, wenn es eintritt.

Dennoch sind viele dieser negativen Folgen – wie die Zwickmühle bei der Versteigerung des 20-Dollar-Scheins – voll und ganz vorhersagbar. Es ist möglich, sie vorauszusehen und daher zu vermeiden. Ich nenne Ihnen ein Beispiel. Es geht dabei um einen Gewerkschaftsvertreter namens Charlie. Die Geschäftsleitung hat gerade ihr Angebot auf den Tisch gelegt. Charlie platzt heraus: »Ist das alles, was Sie anbieten?«

Die Firmenunterhändlerin läßt ihren Aktenkoffer zuschnappen und lächelt: »Charlie, ich bin froh, daß Sie mich das gefragt haben. Wir haben nichts in der Hinterhand. Das ist unser letztes Angebot.«

Alle Farbe weicht aus Charlies Gesicht, als er merkt, was er getan hat. Unwissentlich hat er seine Gegnerin dazu aufgefordert, nachdrücklich Stellung *gegen ihn* zu beziehen. Er hat sie aufgefordert, sich festzulegen – *als er nicht wollte, daß sie sich festlegte!* Er wollte nicht, daß sie sich verschanzte. Also hätte er nicht so *fragen* sollen.

Ihre Reaktion war ganz und gar vorhersagbar. Wenn Charlie überlegt hätte, wie sie reagieren würde, bevor er den Mund aufmachte, hätte er vermeiden können, sich selbst ein Problem aufzuhalsen. Wie Charlie merken viele von uns erst dann, wenn es zu spät ist, daß sie sich selbst Stolpersteine in den Weg legen.

Wir glauben, daß wir in aller Unschuld auf unser Gegenüber reagieren. Wir erkennen nicht, daß unsere Reaktion ihrerseits eine Gegenreaktion auslöst. In Wirklichkeit ist alles, was Sie sagen, sowohl eine Reaktion auf den anderen, als auch ein Auslöser für seinen nächsten Schritt.

So entsteht ein Kreislauf von Aktion und Reaktion.

1. Ich stelle eine Forderung, Sie stellen eine Forderung.
2. Ich erläutere meinen Standpunkt, Sie erläutern Ihren Standpunkt.
3. Ich verkünde, daß ich stur bleibe, Sie tun dasselbe.
4. Ich höre auf zu reden, Sie hören auf zu reden.

Das ist nichts anderes als eine Redefalle (siehe Seite 50). Wenn wir in diesen Teufelskreis geraten, kann ich zu dem Schluß kommen, daß *Sie* nicht mitziehen. Aber Sie ziehen *sehr wohl* mit. Sie spielen gemeinsam mit mir den Zyklus durch. Sie reagieren auf jeder Stufe – vorhersagbar – auf meine Aktionen. Wir reagieren also aufeinander. Auf diese Weise werden wir in einen Schlagabtausch hineingezogen, der in einen handfesten Streit eskaliert.

Warum wir automatisch »ausrasten«

Wenn jemand etwas sagt, das Ihre Wut entflammt – wonach ist Ihnen dann instinktiv zumute? Sie möchten zurückschlagen. Ihnen ist nicht danach zu überlegen, wie der andere wohl reagiert. Ihnen ist danach zurückzuschlagen. Das ist ein Automatismus, ein Reflex.

Wenn der Arzt während einer Untersuchung mit einem Gummihämmerchen auf eine Stelle unterhalb Ihres Knies schlägt, was macht dann Ihr Unterschenkel? Er schnellt unwillkürlich vor. Genauso verhalten Sie sich, wenn Ihnen jemand in einer Diskussion emotional zu nahe tritt. Sie reagieren reflexartig. Sie »rasten aus«.

Unsere reflexartigen Reaktionen bescheren uns Reibereien. An Kindern können Sie das jederzeit beobachten. Der fünfjährige Johnny und die siebenjährige Suzy hauen sich. Sie gehen dazwischen und fragen Johnny: »Warum hast du Suzy geschlagen?« Johnny stößt hervor: »Weil Suzy mich geschlagen hat!« Nicht gerade vorbildliches strategisches Denken. Johnny bedenkt weder, was er von Suzy will, noch ob Hauen die beste Methode darstellt, es zu kriegen. Er denkt überhaupt nicht. Er handelt reflexartig.

Viele Auseinandersetzungen zwischen Erwachsenen laufen so ähnlich ab. Plötzlich merken Sie, daß Sie automatisch zurückschlagen. Plötzlich denken Sie überhaupt nicht mehr; Sie haben Ihr Ziel völlig aus den Augen verloren. Sie haben sich nicht mehr im Griff. Wer *hat* sich denn noch im Griff? Möglicherweise die Gegenseite, möglicherweise keiner.

Nehmen Sie das Tempo aus dem Schlagabtausch

Auch mitten in einem Wortgefecht dürfen Sie Ihr eigentliches Ziel, die Lösung des Problems, nicht aus den Augen verlieren. Wenn Ihnen das Hin und Her des Schlagabtausches zu rasch geht, als daß Sie noch klar denken könnten, dann versuchen Sie nicht, das Tempo mitzuhalten. Treten Sie auf die Bremse. Wenn Ihr Gegenüber etwas sagt, dann geben Sie nicht postwendend eine Antwort zurück. Legen Sie eine Pause ein. Und tun Sie in der Pause zweierlei. Das erste ist das weitaus Schwierigere:

1. *Sagen Sie nichts.*
2. Fragen Sie sich: »Wenn ich ausspreche, was mir auf der Zunge liegt, wie wird der andere reagieren?«
   Wenn Sie drauf und dran sind zurückzuschlagen, dem anderen »Bescheid zu stoßen«, ihm »die Meinung zu geigen«, dann *halten Sie sich zurück.*

Es drängt Sie vielleicht, sofort zu sprechen. Sie können ein Schweigen vielleicht schlecht ertragen. Entspannen Sie sich. Nur wenn Sie sich Zeit nehmen, um während des Gesprächs nachzudenken, können Sie ermessen, ob das, was Sie sagen wollen, wirklich zur Lösung des Problems beiträgt. Oft verschlimmert es die Lage.

Zusätzlich zur Redefalle gibt es noch viele weitere Strickmuster dieser Art: Sie sagen etwas, die andere Seite erwidert etwas, plötzlich stecken Sie in einer Sackgasse, und keiner weiß, was schiefgelaufen ist. Ich bezeichne diese kontraproduktiven Muster als *Tänze zum toten Punkt*, und sie haben alle eines gemeinsam: Sie sind vorhersagbar. Wenn Sie innehalten, um die Reaktion des anderen zu überdenken, können Sie diese Kommunikationsrituale vermeiden. Im folgenden schildere ich drei dieser Tänze zum toten Punkt: den Walzer zum Waffengang, das Spiel »Faß ohne Boden« und »Wie-du-mir-so-ich-dir«.

Der Walzer zum Waffengang

Die Juristin des Chemieunternehmens stieg mit voller Absicht in diesen Tanz zum toten Punkt ein. (Sie erinnern sich, sie wollte die Genehmigung der Stadt für eine Müllverbrennungsanlage neben einem Wohngebiet.) Rufen Sie sich nochmals ihre Strategie ins Gedächtnis: Sie wollte, daß ich die Anwohner fragte, ob sie zu Konzessionen bereit seien; diese würden sich weigern; nun konnte sie vor dem Stadtrat die Sturheit der Anwohner anprangern.

Sie folgte den drei Schritten des Walzers zum Waffengang:

1. Sie fragen Ihren Gegner: »Geben Sie nach?«
2. Bedauerlicherweise weigert er sich.
3. Sie behaupten, er sei stur – und gehen zum Angriff über.

Der Walzer zum Waffengang ist ein eingefahrenes Kommunikationsritual, durch das Sie den anderen, absichtlich oder unabsichtlich, zur Gegnerschaft drängen – was Ihnen den perfekten Vorwand gibt, ihn anzugreifen.

Der Gewerkschaftsvertreter Charlie tanzte den Walzer zum Waffengang, ohne es zu wissen. Mit seiner Frage an die Arbeitgebervertreterin: »Ist das alles, was Sie anbieten?« sagte er im Grunde nichts anderes als: »Werden Sie nachgeben?« Und als sie, was vorauszusehen war, nein sagte, fiel er über sie her: »Aber das ist nicht zumutbar! Sie können sich nicht einfach so stur stellen! So kann man doch nicht miteinander reden!«

Seien Sie mal ehrlich: Geben *Sie* bei einem Konflikt gern nach? Natürlich nicht. Wenn also jemand Sie zum Nachgeben auffordert, sagen Sie natürlich auch nein. Sie sind ein potentieller Kandidat für den Walzer zum Waffengang.

Was also können Sie tun, wenn jemand einen Kompromiß von Ihnen verlangt? Die Firmenvertreterin glaubte, zwischen Waffenstrecken und Sturbleiben wählen zu müssen.

Doch es gibt eine dritte Möglichkeit. Sie können Ihre Position stärken, ohne sich selbst zu blockieren. Die Firmenvertreterin hätte sagen können: »Zu mehr bin ich nicht befugt.« Das hätte die Möglichkeit offengelassen, daß die Firmenleitung ihre Befugnisse *erweiterte*.

Das Spiel »Faß ohne Boden«

Ein hervorragendes Beispiel für einen weiteren Tanz zum toten Punkt liefert, wie sich leicht denken läßt, das Problem der Unterhaltszahlung. Eine meiner Kursteilnehmerinnen namens Joy sprach mich eines Abends nach Kursende auf dieses Problem an: »In meiner Ehe verdiene ich die Brötchen. Mein Mann hockt den ganzen Tag auf dem Sofa, sieht fern und wartet auf einen Anruf vom Arbeitsamt. Ich will mich scheiden lassen. Aber ich schaffe es nicht, mich mit ihm über die Höhe des Unterhalts zu einigen, den ich ihm zahlen soll.«

Sie fing mit einem Angebot von 300 Dollar pro Monat an. Ihr Mann protestierte: »Was?! Du kannst dir mehr leisten!«

Sie zögerte: »Gut, ich glaube, wenn ich, wie erwartet, befördert werde, könnte ich 350 Dollar erübrigen.«

Ihr Mann blaffte sie an: »Du machst wohl Witze. Völlig unannehmbar.«

Sie fragte: »Was *ist* denn für dich annehmbar?«

Er erwiderte: »Ich bin sicher, daß wir uns ohne Anwälte einigen können. Aber du mußt realistisch sein.«

Sie überlegte: »Na gut … sagen wir 400 Dollar. Weiter kann ich aber nicht gehen, ohne eine zweite Hypothek auf das Haus aufzunehmen.«

Er sagte immer noch nein.

Joy meinte zu mir: »Das ist unmöglich. Egal, wieviel ich biete, er sagt einfach nicht ja.«

Ich entgegnete: »Überlegen Sie einmal, wie er die Sache sieht. Warum sollte er ja sagen? Sie geben ihm doch immer mehr.«

Joy spielte das Spiel »Faß ohne Boden«:

1. Sie machen Zugeständnisse, ohne Gegenleistungen dafür zu bekommen.
2. Die andere Seite nimmt Ihre Konzessionen zur Kenntnis und entscheidet, ob Sie genug gegeben haben. Dann verlangt sie, was kaum überrascht, mehr.
3. Sie geben mehr, um die Gegenseite zu beschwichtigen.
4. Diese fordert noch mehr, weil ihr das etwas einbringt.

Wenn Sie in diesem Spiel die Partie des Opfers spielen, belohnen Sie die andere Seite dafür, daß sie gegen Sie kämpft. Sie erringt einen Sieg nach dem anderen, indem sie Ihre Angebote zurückweist und mehr verlangt. *Und je länger sie gegen Sie kämpft, desto mehr kann sie für sich herausholen.* Immer mehr zu geben verschlimmert die Lage. Verblüffend daran ist, daß Menschen, die in dieses Muster verstrickt sind – die also desto mehr verlieren, je mehr sie geben –, in aller Regel damit reagieren, daß sie noch mehr geben!

Wirklich. Ich sammle Zeitungsartikel mit einschlägigen Beispielen. Der Bauunternehmer Pete Grant kaufte Tausende Quadratmeter Grund entlang der Küste nördlich von San Francisco. Er gab eine Garantie ab, 96 Prozent des Geländes unbebaut zu lassen.

Klatschten die Umweltschützer Pete Grant Beifall?

Im Gegenteil. Sie klagten gegen seinen Plan, auf den restlichen vier Prozent eine Ferienanlage zu errichten.

Pete Grant fühlte sich betrogen. Es ist nicht schwer zu erkennen, warum. Stellen Sie sich einmal vor, was in seinem Kopf vorgeht: »Ein Zugeständnis verdient eine Gegenleistung. Wenn ich so nett bin und 96 Prozent ungenutzt lasse, werden die Umweltschützer meine Pläne mit den lumpigen vier Prozent nicht durch einen Prozeß blockieren.«

Dieser Kuhhandel hätte vielleicht funktioniert, wenn Mr. Grant nicht eine Kleinigkeit übersehen hätte. Er versäumte es, die Umweltschützer dazu zu bringen, daß sie sich *verpflichteten*, nicht zu klagen. Das war ein großer Fehler. Sie hätten die Bebauung vielleicht hingenommen, *wenn sie eine Gegenleistung für ihr Stillhalten bekommen hätten*. Doch Grant hatte ihnen schon von vornherein 96 Prozent überlassen; warum sollten sie dann nicht auf 100 Prozent pochen?

Zweifellos sahen die Umweltschützer das so. Infolgedessen waren sie nach Grants Konzession weniger zu Zugeständnissen bereit als zuvor. Grants Zugeständnis ließ ihre unmittelbare Grenze schrumpfen. (Um es Ihnen ins Gedächtnis zu rufen: Die unmittelbare Grenze entspricht dem Höchstmaß dessen, was die andere Seite im Augenblick zu tun willens und imstande ist. Die Umweltschützer waren nach Grants Zugeständnis zu weniger bereit als vorher.)

Daß sich Grant betrogen fühlte, ist ein typisches Kennzeichen des Spiels »Faß ohne Boden«. Sie machen ein Zugeständnis, und die andere Seite revanchiert sich nicht nur nicht, sondern reagiert auf Ihre Großzügigkeit auch noch mit Halsstarrigkeit!

Joy, die unterhaltspflichtige Ehefrau, sagte zu mir: »Ich bin vielleicht an einem toten Punkt angelangt, aber ich habe zumindest die Genugtuung zu wissen, daß ich alles versucht habe. Ich habe ihm mein ganzes Geld angeboten.« Ich weiß nicht, wie es Ihnen geht, aber mein ganzes Geld anzubieten ist nicht gerade die Art und Weise, wie ich mir Genugtuung verschaffe. Joys Dilemma ließ sich nicht durch weitere Geldangebote lösen. (Einige Seiten weiter unten erfahren Sie, was sie schließlich tat.) Wenn Sie das Spiel »Faß ohne Boden« mitspielen, wenden Konzessionen den toten Punkt nicht ab.

Sie führen dorthin.

Die Lösung liegt jedoch nicht in Kompromißlosigkeit. Diese kann ebenfalls an einen toten Punkt führen.

Sorgen Sie also dafür, daß Sie eine Gegenleistung bekommen, wenn Sie etwas geben. Geben mag seliger denn Nehmen sein, aber es ist besser, auch zu nehmen, wenn Sie geben, sonst schauen Sie vielleicht ganz in die Röhre.

Pete Grant gab ohne Gegenleistungen, und was geschah mit seinen Bauplänen? Sie blieben jahrelang beim Gericht liegen. Währenddessen ging Grant bankrott. Am Ende gewannen die Umweltschützer – und an der Küste weht buchstäblich kein anderer Wind.

Hüten Sie sich vor dem Spiel »Faß ohne Boden«

Landläufige Weisheiten:	Strategische Kommunikation:
Sie müssen ein Zugeständnis machen, um der anderen Seite entgegenzukommen.	Je mehr Sie geben, desto *mehr* fordert möglicherweise die andere Seite.
Machen Sie so lange Zugeständnisse, bis die Gegenseite ja sagt.	Wenn Sie immer mehr geben, sagt sie vielleicht niemals ja.
Sie erreichen keine Einigung, wenn Sie keine Zugeständnisse machen.	Sie erreichen möglichweise keine Einigung, *wenn* Sie Zugeständnisse machen.

»Wie-du-mir-so-ich-dir«

Manche Kommunikationsgurus empfehlen als Gegenmittel gegen das Spiel »Faß ohne Boden« ein anderes Spiel – »Wie-du-mir-so-ich-dir«. Dessen Grundregel lautet: Sie gehen so mit dem anderen um, wie dieser mit Ihnen umgeht. Wenn er nett zu Ihnen ist, sind Sie nett zu ihm. Wenn er die harte Tour fährt, fahren auch Sie die harte Tour.

Wenn Sie »Wie-du-mir-so-ich-dir« spielen, dann bewahrt Sie das davor zu geben, ohne eine Gegenleistung zu erhalten. Und das Prinzip des wechselseitigen Ausgleichs scheint fair. Es scheint der goldenen Regel »Was du nicht willst, das man dir tu, das füg auch keinem andern zu« zu entsprechen. Es gibt nur einen kleinen Unterschied. »Wie-du-mir-so-ich-dir« besagt: »Was man dir *tatsächlich* antut, das füge auch dem anderen zu.« Das ist aber nicht immer eine gute Idee.

»Wie-du-mir-so-ich-dir« kann die Lage verschlimmern. Vor einiger Zeit hatte ich eine Kleinanzeige in die Zeitung gesetzt und wollte wissen, wie lange die Anzeige erscheinen würde. Also rief ich an. Die Dame am Telefon war ausgesprochen muffig. »Ihre Telefonnummer!« blaffte sie. Ich gab ihr meine Telefonnummer. Pech, nicht im Computer.

»Vielleicht habe ich in der Anzeige meine Geschäftsnummer angegeben«, schlug ich vor. Sie probierte es mit dieser Nummer. Wieder kein Treffer. Ich bat sie, unter meinem Nachnamen zu suchen.

»Nichts da«, wiederholte sie. Sie klang jetzt sehr verärgert.

»Es war eine Kleinanzeige?«

»Ja.«

Sehr von oben herab meinte sie: »Also, Sie können nicht von uns erwarten, daß wir Ihre Anzeige finden, wenn Sie uns die Telefonnummer nicht angeben können.« Als ob mir etwas Besseres hätte einfallen können, als sie anzurufen.

»Ich verstehe«, entschuldigte ich mich, »es tut mir leid, daß ich Ihnen soviel Mühe mache. Es ist schließlich meine Schuld, wenn ich meinen Krempel nicht auf der Reihe habe ...«

Sie erklärte: »Wissen Sie, es ist einfach schwierig, die Anzeige zu finden, wenn wir nicht die richtige Telefonnummer haben.« Ihre Stimme klang nun merklich milder.

Ich sagte: »Ja, ich verstehe. Ich bin Ihnen wirklich sehr dankbar, daß Sie sich die Zeit nehmen und sie für mich suchen. Es tut mir leid, daß sich das für Sie so auswächst. Ich wollte Ihnen keine Unannehmlichkeiten machen.«

Plötzlich wurde sie lebhaft: »Sagen Sie mir, wissen Sie noch, wann die Anzeige zum ersten Mal erschienen ist?«

Ich überlegte einen Augenblick. »Äh ... ich weiß nicht genau. Ich habe den Beleg verloren. Wahrscheinlich letzten Sonntag.«

Sie sagte: »Weil ich grade in der letzten Sonntagsausgabe nachsehen wollte. Wenn die Anzeige an diesem Tag zum ersten Mal erschienen ist, wird der letzte Erscheinungstag mit abgedruckt.« Dieses Angebot ging eindeutig über ihre Pflicht hinaus. Ich sagte: »Oh, das ist aber sehr nett von Ihnen.«

Sie erwiderte: »Ich werde mal nachschauen.« Und tatsächlich fand sie die Anzeige.

Wie hatte ich bei dieser Frau die Bereitschaft wecken können, mir zu helfen? Wie war es mir gelungen, sie mir günstig zu stimmen?

Auf den ersten Blick mag es so aussehen, als hätte ich »Wie-du-mir-so-ich-dir« gespielt. Sie war nett zu mir, also war ich nett zu ihr. Aber bei genauerem Hinsehen werden Sie feststellen, daß ich nett zu ihr war, *bevor* sie nett zu mir war. Ich spielte eben nicht »Wie-du-mir-so-ich-dir«.

Malen Sie sich aus, wie das Gespräch verlaufen wäre, hätte ich das getan. Sie hatte mich auflaufen lassen: »Also, Sie können nicht von uns erwarten, daß wir Ihre Anzeige finden, wenn Sie uns die Telefonnummer nicht angeben.« Bei »Wie-du-mir-so-ich-dir« hätte ich ihr im selben Ton erwidert: »Ich merke schon, ich muß noch mal anrufen, wenn jemand Dienst hat, der *kompetenter* ist!« Und wenn sie weiter »Wie-du-mir-so-ich-dir« gespielt und mir mit gleicher Münze heimgezahlt hätte, wäre das Gespräch sicher sehr schnell unerfreulich geworden. Wie man in den Wald hineinruft, so schallt es heraus. Das ist das große Problem bei »Wie-du-mir-so-ich-dir«, weil es sowohl guten Willen, als auch böses Blut schafft.

»Wie-du-mir-so-ich-dir« ignoriert Ihr eigentliches Ziel – die Lösung eines Problems. Was auch in dem Gespräch geschieht, ob Nützliches oder Schädliches, »Wie-du-mir-so-ich-dir« kann es vergrößern. »Wie-du-mir-so-ich-dir« wirkt vergrößernd, ob in der einen oder in der anderen Richtung. »Wie-du-mir-so-ich-dir« mißachtet die vier strategischen Elemente:

- *Das Problem.* »Wie-du-mir-so-ich-dir« kalkuliert nicht ein, daß ein Mißverständnis vorliegen könnte. Angenommen, die Telefonistin hatte es gar nicht so rüde gemeint. Wenn ich sie angeschnauzt hätte, hätte ich ohne Not eine negative Spirale in Gang gebracht.
- *Das Ziel.* Was hätte ich erreicht, wenn ich zurückgeblafft hätte? Was hätte sie noch für mich getan? Überhaupt nichts. Sie hätte mir mit viel *geringerer* Wahrscheinlichkeit geholfen, wenn ich sie zuvor angeschnauzt hätte.
- *Die Methode.* Wie sah die Dame am Telefon die Angelegenheit? »Wie-du-mir-so-ich-dir« sagt: Das interessiert nicht. Was der andere denkt, ist unwichtig. Reagiere einfach genauso.
- *Das Ergebnis.* Wenn Sie die Handlungsweise des anderen spiegelbildlich zurückgeben, was tut dieser dann? »Wie-du-mir-so-ich-dir« sagt: Zum Teufel mit den Konsequenzen; gib es genauso zurück.

Wenn der andere denselben gedankenlosen Tanz mittanzt und wenn er genauso stur ist wie Sie, dann ist eine Eskalation unvermeidlich. Dann landen Sie bei intellektuell so anregenden Wortwechseln wie:
»Sie sind uneinsichtig!«
»Ich bin nicht uneinsichtig, Sie sind es!«

»Ach ja?«

»Ja!«

Das ist es, was bei »Wie-du-mir-so-ich-dir«-Spielen häufig herauskommt – beide Seiten beharken sich, hacken aufeinander herum, sticheln, setzen sich gegenseitig unter Druck, bringen einander in Bedrängnis, hauen ständig in dieselbe Kerbe und vor allem, spulen immer wieder dieselbe Leier ab – einer als Spiegelbild des anderen.

Wie können Sie einem Tanz zum toten Punkt entgehen?

Der erste Schritt, der Sie aus einem negativen Muster herausführt, ist die Erkenntnis, daß Sie drinstecken. Diesen Schritt zu tun ist schwierig, weil Sie selten bewußt die Entscheidung fällen, einen Tanz zum toten Punkt aufzunehmen. Sie schliddern vielmehr hinein.

Beim Walzer zum Waffengang brechen Sie niemals absichtlich den Krieg vom Zaun. Ihr Gegenüber fragt: »Geben Sie nach?« Sie antworten ehrlich, nämlich mit »nein« – und plötzlich sitzen Sie in der Falle. Der andere hat Sie in Wut versetzt und sich damit einen Vorwand zum Angriff verschafft.

Beim Spiel »Faß ohne Boden« merken Sie kaum, daß Sie immer mehr Zugeständnisse machen und die andere Seite auf diese Weise ermutigen, sich stur zu stellen und die Sache auszusitzen: Sie versuchen doch bloß, die andere Seite zufriedenzustellen.

Bei »Wie-du-mir-so-ich-dir« erkennen Sie nicht, daß Sie sich selbst schaden können, wenn Sie das Verhalten der Gegenseite spiegeln. Sie tanzen diesen Tanz mit, weil Ihnen das nur fair scheint (»Ich behandle sie so wie sie mich«).

All diese Tänze sind verführerisch. Sie kommen sich vielleicht blöde vor, wenn Sie sie mitmachen, aber das sind Sie nicht. Einsichtige Leute verteidigen sich aus einsichtigen Gründen – doch ohne zu merken, was sie in Wirklichkeit tun. Wie also merken Sie, ob Sie in einer negativen Spirale gefangen sind?

Kontrollieren Sie den Gesprächsverlauf. Erreichen Sie etwas? Ist das Reden hilfreich? Hellhörig sollten Sie werden, wenn Sie immer wieder dasselbe sagen, ohne daß es etwas bringt. Weitere Alarmzeichen sind: Beschimpfungen, Angriffe aus dem Hinterhalt, Schikanen, plötzliche Taubheit, Leugnen, Abwehr, Dickköpfigkeit und kategorische Proklamationen.

Kontrollieren Sie Ihre Gefühle. Gewöhnen Sie sich an, während des Gesprächs immer wieder zu prüfen, wie Sie sich fühlen. Merken Sie, daß Sie wütend werden? Frustriert? Verbissen? Zieht sich Ihr Magen zusammen? Klopft Ihr Herz schneller? Beschleunigt sich Ihr Atem? All das sind Anzeichen, daß Ihre Emotionen die Oberhand gewonnen haben und daß Sie reflexartig reagieren. Was können Sie dann tun?

Nehmen Sie eine Auszeit. »Ich möchte darüber nachdenken und dann wieder auf Sie zukommen.« Alternativen: Lösen Sie heimlich Ihren Piepser aus. Halten Sie sich die Nase zu und behaupten Sie, Nasenbluten zu haben. Sie müssen auf die Toilette. Die Kinder warten im Kindergarten auf Sie. Irgendwas. Nur raus aus der Situation. Gehen Sie auf Abstand und gewinnen Sie Ihre Fassung zurück, damit Sie wieder klar denken können.

Stellen Sie fest, welchen Tanz Sie gerade tanzen. Ich habe ein paar verbreitete Tänze beschrieben, damit Sie sie besser erkennen können. Lassen Sie Ihr Gespräch Revue passieren: Was haben die Beteiligten gesagt? Wie haben die anderen reagiert? Vergleichen Sie dies dann mit den in diesem Kapitel beschriebenen negativen Mustern, und Sie werden merken, welchen Tanz Sie mittanzen. Wenn Sie das Muster erkannt haben, können Sie es durchbrechen, Ihr Verhalten ändern und seine Konsequenzen abwenden.

Durchbrechen Sie den Teufelskreis. Wie schaffen Sie das? Ganz einfach. Wenn der andere weiterzutanzen versucht, *machen Sie nicht mit.* Wenn beispielsweise Ihr Gegenüber beim Spiel »Faß ohne Boden« sagt: »Da müssen Sie mir schon etwas Besseres bieten«, dann machen Sie kein weiteres Zugeständnis mehr. Tun Sie etwas anderes, um das Aktions-Reaktions-Muster zu durchbrechen. (Bei der Planung Ihres nächsten Schritts helfen Ihnen die vier strategischen Schritte: *Stellen Sie fest, ob ein Mißverständnis oder eine echte Meinungsverschiedenheit vorliegt; planen Sie den nächsten Schritt des anderen voraus; nutzen Sie die Ansichten des anderen, um ihn zu überzeugen; sagen Sie die Reaktion des anderen vorher.*)

Ich berichte Ihnen jetzt, wie Joy diesen Rat umsetzte, als ihr Mann immer höhere Unterhaltsforderungen an sie stellte. Sie fand heraus, was er dachte, nämlich: »Solange sie mir immer mehr zugesteht, kann ich auch immer mehr fordern.« Wie nutzte sie diese Ansicht, um ihn zu einer Vereinbarung zu bewegen?

Sie hörte mit dem Geben auf. Sie bot ihm Paroli. Sie sagte: »Ich habe jede Menge Zugeständnisse gemacht. Jetzt möchte ich, daß du mir entgegenkommst.«

Er beharrte: »Ich finde, 450 Dollar im Monat wären eine angemessenere Größenordnung.«

Sie konterte: »Wenn ich den BMW kriege und noch ein paar andere Sachen, könnte ich vielleicht 400 Dollar in Erwägung ziehen.«

Jetzt tanzte Joy den Tanz ihres Mannes nicht mehr mit. Im Gegenteil. Sie forderte ein Zugeständnis von *ihm*. Das überrumpelte ihn: »*Du* verlangst den BMW? *Ich* will den BMW.«

Sie entgegnete: »*Ich* will weniger als 400 Dollar zahlen.«

Er probierte es noch ein paarmal, doch als er merkte, daß sie standhaft blieb, gab er auf.

Sie hatte den Teufelskreis durchbrochen. Wenn Sie ein negatives Muster erkennen, *hören Sie auf, in dessem Sinne zu reagieren*. Leider entspricht es der menschlichen Natur, den Zyklus fortzusetzen. Wie geraten Sie in eine Redefalle? Indem Sie Ihren Standpunkt erläutern. Zum selben Verhalten neigen Sie auch, wenn Sie wieder herauskommen möchten. Dieser instinktive Drang ist genauso sinnvoll, wie Knoblauch zu essen, um nicht nach Knoblauch zu riechen. Mehr davon macht die Lage nur schlimmer.

Fallen bei der Vorhersage von Verhalten und wie man sie vermeidet

Sie entwerfen einen Plan, und die Aussicht auf Erfolg macht Sie schon ganz kribbelig. Deshalb richten Sie Ihr Augenmerk nur allzu leicht darauf, wie Sie *gern hätten*, daß der andere reagiert, und ignorieren, wie er *wahrscheinlich* handeln wird.

Das ist eine verbreitete Falle bei der Vorhersage von Verhalten. Und einer meiner Klienten, Vorstandschef einer amerikanischen Computerfirma, tappte mitten hinein.

Seine Firma arbeitete nach dem Geschäftsprinzip: »Sofort liefern; wenn was kaputtgeht, reparieren wir es später.« Er war so sklavisch auf Liefertermine fixiert, daß Computer nicht ausreichend geprüft wurden, bevor sie den Betrieb verließen.

Es dauerte nicht lange, und bei Kunden in aller Welt stürzten die Rechner ab. Das Unternehmen hatte nicht genügend Servicetechniker, um sie alle zu reparieren. Deshalb machte der größte Kunde des Unternehmens, eine japanische Firma, das Angebot, ihre eigenen Techniker nach Amerika zu schicken, damit diese sich mit der Konstruktion der Computer vertraut machen und sie dann selbständig reparieren konnten.

Ich warnte meinen Klienten: »Das ist keine gute Idee. Die Japaner werden herausfinden, wie man die Computer *herstellt*.«

Er erwiderte: »Nein, nein, nein. Sie wollen doch nicht in die Produktion einsteigen! Sie müssen nur *verstehen*, wie wir die Rechner bauen, damit sie sie reparieren können. Das genügt ihnen schon.«

Klassischer Fall von Großem Mythos der Heimlichen Harmonie (»Ganz tief drinnen sind wir uns alle einig«). Mein Klient ging davon aus, daß die Ziele der beiden Unternehmen in Einklang miteinander standen.

Sechs Monate später mußte der Unternehmenschef ein Drittel seiner Mitarbeiter entlassen. Die Japaner bauten die Computer jetzt selbst.

Wieso war er für diese Möglichkeit so blind gewesen? Weil er glauben *wollte*, daß die Angelegenheit unproblematisch sei. Er war ein Optimist, kein Realist.

Genauso typisch wie der Fehler, bei der Vorhersage eines Verhaltens immer vom Besten auszugehen, ist die entgegengesetzte Tendenz: Sie ärgern sich dermaßen über die andere Person, daß Sie nur das Schlimmste von ihr erwarten.

Vier Fragen, die bei der Vorhersage der Reaktion der anderen Person helfen. Um beide Fallgruben zu umgehen, sollten Sie sich vier einfache Fragen stellen. Mit diesen vier Fragen können Sie unterscheiden zwischen dem, was Sie wollen, was Sie fürchten und was Sie wahrscheinlich erreichen. Die vier Fragen bringen Sie dazu, jeden dieser Faktoren für sich zu betrachten, und helfen Ihnen damit, die Reaktion des anderen genauer vorherzusagen:

1. Wie könnte der andere Ihrer Einschätzung nach im besten Fall reagieren?
2. Wie im schlimmsten Fall?
3. Welche Reaktion erwarten Sie von der anderen Person angesichts ihrer Ansichten?
4. Lohnt der potentielle Nutzen Ihrer Vorgehensweise das Risiko?

Die praktische Anwendung der vier Fragen

Als Naomi und ich unsere Hochzeit planten, bereitete uns die Wahl der geeigneten Örtlichkeit das größte Kopfzerbrechen. Naomi hatte wochenlang herumtelefoniert und Broschüren gewälzt. Dann verkündete sie während eines Abendessens bei meinen Eltern: »Ich habe endlich das richtige Lokal für die Hochzeitsfeier gefunden!«

Wir begannen über Einzelheiten zu diskutieren, und mein Vater fragte: »Wie viele Gäste haben da Platz?«

Naomi antwortete: »120, wie besprochen.« (Das waren schon mehr, als sie wollte.)

Mein Vater zögerte: »Aber wir haben doch noch meine Arbeitskollegen auf die Gästeliste gesetzt, weißt du das nicht mehr?«

Naomi blickte von ihrem Teller auf und sagte: »Daran habe ich nicht mehr gedacht. Um wie viele handelt es sich denn?«

Mein Vater erwiderte: »Ungefähr 20.«

Naomi wirkte erschrocken: »20?!«

Rasch griff ich ein und schlug vor, für die Freunde meines Vaters eine eigene Party zu veranstalten. Mein Vater guckte gequält. »Mir liegt wirklich viel daran, sie zur Hochzeit einzuladen. Schließlich arbeite ich seit 25 Jahren mit ihnen zusammen.«

Naomi wurde nervös. Sie hatte sich mit meinem Vater bis zu diesem Abend sehr gut verstanden, und ich wollte nicht, daß ihre Beziehung durch dieses Problem belastet würde. Wenn die beiden aber weiterredeten, dann konnte sich ihre wechselseitige Frustration, wie ich befürchtete, zu einem Streit auswachsen.

Ich tupfte mir den Mund mit meiner Serviette ab, schob

meinen Stuhl zurück und lächelte in die Runde: »Wo ist nur die Zeit geblieben? Wir müssen allmählich wirklich aufbrechen!«

Auf dem Heimweg sagte Naomi: »David, ich stehe diesen Konflikt nicht durch. Würdest *du* das bitte mit deinem Vater besprechen?«

Na toll. Als ich an diesem Abend mit meiner Zukünftigen nach Hause fuhr, kamen mir auf Anhieb drei Lösungsmöglichkeiten für das Problem mit meinem Vater in den Sinn:

A. Bitte ihn um des Familienfriedens willen, seine 20 Freunde nicht einzuladen.

B. Bitte Vater, sich mit Naomi zusammenzusetzen und zu einer beiderseits befriedigenden Lösung zu kommen.

C. Hilf Vater, Naomi dazu zu bewegen, seine 20 Freunde zu akzeptieren.

Welches Verfahren ist wohl das beste? Die Antwort auf diese Frage hängt davon ab, wie der andere reagiert. Untersuchen wir also, wie Vater auf die jeweilige Methode reagieren würde.

Methode A: Bitte ihn um des Familienfriedens willen, seine 20 Freunde nicht einzuladen.

1. Wie könnte Vater meiner Einschätzung nach im besten Fall reagieren?

   Die beste Reaktion wäre: »Gut, ich lade sie nicht ein.«

2. Wie könnte Vater im schlimmsten Fall reagieren?

   Er könnte sagen: »Du verlangst von mir, meine Freunde zu übergehen, weil du auf *Naomis* Seite bist!«

3. Welche Reaktion erwarte ich von Vater angesichts seiner Ansichten?

   Er würde sagen: »Ich sehe nicht ein, wieso der ›Familienfriede‹ ausgerechnet von mir verlangt, meine Freunde zu übergehen. Ich arbeite seit 25 Jahren mit ihnen zusammen, und ich möchte sie bei der Hochzeit dabei haben.«

4. Lohnt der potentielle Nutzen meiner Vorgehensweise das Risiko?
Keinesfalls. Diese Methode würde wahrscheinlich nichts nutzen, und sie könnte die Lage verschlimmern.

Methode B: Bitte Vater, sich mit Naomi zusammenzusetzen und sich eine beiderseits befriedigende Lösung auszudenken.

1. Wie könnte Vater meiner Einschätzung nach im besten Fall reagieren?
Er könnte sich bereit erklären, mit Naomi zu sprechen, danach die Sache so sehen wie sie und einen Kompromiß finden – vielleicht den Vorschlag machen, zehn Arbeitskollegen einzuladen statt 20.

2. Wie könnte Vater im schlimmsten Fall reagieren?
Er könnte sich weigern, überhaupt darüber zu reden. Oder er könnte sich mit Naomi zusammensetzen, seinen Standpunkt bekräftigen und sich ärgern, wenn sie nicht einlenkt.

3. Welche Reaktion erwarte ich von Vater angesichts seiner Ansichten?
Er würde sich vielleicht mir zuliebe mit ihr zusammensetzen, aber trotzdem weiterhin alle seine Freunde einladen wollen.

4. Lohnt der potentielle Nutzen meiner Vorgehensweise das Risiko?
Nein. Der potentielle Nutzen wäre minimal. Und es

bestünde die Gefahr, daß sich die Kluft zwischen meinem Vater und Naomi vertiefte.

Oft glauben wir, die Lösung eines Problems bestünde darin, die Beteiligten zu einem Gespräch zu drängen. Wir schaffen es nicht, unsere Erwartungen an sie und an ein solches Gespräch realistisch zu sehen. Tief in unserem Innern hoffen wir, daß sie einander zuhören, ausrufen: »Du hast recht! Das war mir vorher nicht klar!« und plötzlich zu einem Kompromiß bereit sind. Doch Naomi und mein Vater wußten genau, was der jeweils andere wollte. Sie hatten eine echte Meinungsverschiedenheit.

Methode C: Hilf Vater, Naomi dazu zu bewegen, seine 20 Freunde zu akzeptieren.

1. Wie könnte Vater meiner Einschätzung nach im besten Fall reagieren?
   Die beste Reaktion wäre: »In Ordnung, versuchen wir, sie dazu zu bringen, ja zu sagen.«
2. Wie könnte Vater im schlimmsten Fall reagieren?
   Er könnte sagen: »Ich will mich mit diesem Problem nicht befassen. Sie ist deine Braut, also kümmere du dich darum.«
3. Welche Reaktion erwarte ich von Vater angesichts seiner Ansichten?
   Er will Naomi dazu bringen, daß sie seine Freunde akzeptiert. Er wird entweder meine Vorschläge begrüßen oder mich bitten, sie zu überreden.
4. Lohnt der potentielle Nutzen meiner Vorgehensweise das Risiko?
   Ja, mit Sicherheit. Selbst wenn er mich bitten sollte, den

Vermittler zu spielen, würde die Lage nicht schlimmer als im Augenblick.

Was ich tatsächlich unternahm. Mit Hilfe der vier Fragen schätzte ich Vaters Reaktion im vorhinein ab und machte die möglichen Probleme jeder Methode dingfest. Dann entschied ich mich für Methode C. Ich sagte zu ihm: »Konzentrieren wir uns auf Naomis unmittelbare Grenze – das, was sie im Augenblick zu tun bereit ist. Ist sie gegenwärtig bereit, deine 20 Freunde zu akzeptieren?«

Vater seufzte: »Ich glaube nicht.«

»Warum nicht?«

Er antwortete: »Wegen des zusätzlichen Aufwands. Sie hat endlich ein Lokal für 120 Gäste gefunden, und jetzt soll sie eine Möglichkeit finden, noch 20 mehr unterzubringen.«

Ich erklärte: »Im Grunde bittest du sie also um zweierlei: mehr Gäste zu akzeptieren und mehr Mühe auf sich zu nehmen. Wie wäre es, wenn du das Problem aufteilst und sie um einen kleineren Schritt bittest. Wie wäre es, wenn du sie bittest, mit mehr Gästen einverstanden zu sein, wenn *du* die zusätzliche Arbeit übernimmst?«

Vater nickte: »Klar könnte ich das machen. Ich könnte mit dem Besitzer des Lokals reden, das sie gefunden hat. Falls nötig, könnte ich mich um Alternativen kümmern, die ihren Vorstellungen entsprechen.«

Mit diesem Angebot stimmte Vater Naomi um. Wenn er sich um die Logistik kümmerte, war sie mit seinen 20 Kollegen einverstanden.

Es spielt jedoch keine Rolle, welche Lösung in diesem Fall die »richtige« war. Welche Methode die richtige ist, hängt von der Situation ab. Wichtig ist, *wie* wir die richtige Methode fanden, also der Denkprozeß, den ich geschildert habe. Greifen Sie auf die vier Fragen zurück, wenn Sie vorhersagen wollen, wie jemand reagieren wird. Mit Hilfe dieser Fragen können Sie Schwachpunkte in Ihrem Plan aufdecken und diesen entsprechend modifizieren. Die Fragen machen Sie zudem auf Informationsbedarf Ihrerseits aufmerksam – etwa, was die schlimmstmögliche oder die wahrscheinlichste Reaktion des anderen betrifft.

Kernpunkte zur Anwendung des strategischen Schritts Nr. 4: Sagen Sie die Reaktion des anderen vorher

1. Überlegen Sie, inwieweit Sie selbst zu dem Problem beitragen. Häufig glauben wir, daß wir selbst in aller Unschuld auf den anderen reagieren. Wir erkennen nicht, daß unsere Reaktion wiederum eine Gegenreaktion unseres Gegenübers auslöst. Wenn Sie herausfinden, was Sie falsch machen, können Sie es auch ändern.
2. Wenn das Hin und Her für Ihren Geschmack zu rasch abläuft und Sie nicht mehr klar denken können, dann versuchen Sie nicht, das Tempo mitzuhalten. Machen Sie langsam. Legen Sie eine Pause ein, bevor Sie Ihrem Gegenüber antworten. Und fragen Sie sich: »Wenn ich sage, was ich zu sagen vorhabe, wie wird der andere dann reagieren?«
3. Vermeiden Sie es, in einer Diskussion emotional »auszurasten«:
   • *Kontrollieren Sie den Gesprächsverlauf.* Beobachten Sie, ob Sie in ein negatives Muster geraten und ob Sie etwas erreichen.

- *Kontrollieren Sie auch Ihre Emotionen*, damit Sie merken, wann Sie die Fassung verlieren.
4. Wenn Sie bereits in einen Tanz zum toten Punkt verwickelt sind:
   - Nehmen Sie eine Auszeit.
   - Stellen Sie fest, in welchen Tanz Sie sich verstricken. (Lesen Sie in diesem Kapitel nach, welche es gibt: die Redefalle, den Walzer zum Waffengang, das Spiel »Faß ohne Boden« und »Wie-du-mir-so-ich-dir«.)
   - Durchbrechen Sie den Teufelskreis.
5. Benutzen Sie die vier Fragen, um die Reaktion des anderen vorherzusagen:
   - Wie könnte der andere Ihrer Einschätzung nach im *besten* Fall reagieren?
   - Wie im *schlimmsten* Fall?
   - Welche Reaktion *erwarten* Sie vom anderen angesichts seiner Ansichten?
   - *Lohnt* der potentielle Nutzen Ihrer Vorgehensweise das Risiko?

Die Praxis

Strategische Fragen und Antworten

Soll ich auf meinem Standpunkt beharren? Soll ich das erste Angebot machen? Soll ich Informationen preisgeben? Und warum können wir all die Spielchen nicht lassen? Wenn Sie anfangen, strategische Kommunikation einzusetzen, wirft das bestimmt Fragen auf. Dieses Kapitel gibt Ihnen Antworten.

Wenn Ihr Gegenüber nicht wankt und nicht weicht, staut sich vielleicht so viel Frust und Wut in Ihnen auf, daß Sie der Gegenseite am liebsten so lange mit Repressalien und Schikanen zusetzen möchten, bis sie klein beigibt. Möglicherweise verfallen Sie jedoch in das andere Extrem und vertrauen auf die »win-win«-Strategie, das heißt, Sie bleiben kooperativ in der Hoffnung, daß die Gegenseite sich dann genauso verhält. Beide Verfahren gehören zu den üblichen Methoden, um Differenzen auszuräumen. Oft scheinen sie bequem, weil sie uns so vertraut sind – selbst wenn sie der vorliegenden Situation nicht angemessen sein mögen.

Wenn Sie unter Druck stehen und darüber nachgrübeln, was Sie jetzt tun sollen, dann fallen Ihnen bestimmt zuerst die altbekannten Methoden ein, mit Menschen umzugehen. Damit nähern Sie sich einer der häufigsten Fallen, wenn Sie sich in strategischer Kommunikation versuchen – die Gefahr des Rückfalls in Ihre alten Denk- und Verhaltensgewohnheiten. Die Methoden »Drangsalieren« und

»Kooperieren« mögen wie zwei einander diametral entgegengesetzte Philosophien scheinen. Doch sie haben eines gemeinsam. Sie können beide die Lage verschlimmern.

Die »Daumenschrauben«-Strategie

Ein verbreitetes Märchen will uns weismachen, daß es einen einzigen todsicheren Weg gibt, um jemanden zum Nachgeben zu zwingen: ihm weh tun. Das heißt, Sie machen es wie der Kommandant in *Der Unbeugsame* und terrorisieren den anderen. Sie setzen ihn unter Druck, hakken auf ihm herum, blamieren ihn oder bedrohen ihn so lange, bis er klein beigibt. Sie erteilen ihm eine Lektion. Mit *Ihnen* wird er sich nie wieder anlegen. In Wirklichkeit überzeugt die »Daumenschrauben«-Methode den anderen nur sehr selten, weil er wahrscheinlich folgendes denkt:

- »Diese Repressalien sind nicht schlimmer, als ich erwartet hatte.« Wenn Ihr Gegenüber entschlossen ist, Ihnen Widerstand zu leisten, hat er sich darauf eingestellt, daß Sie ihm weh tun werden. Er hat beschlossen, das auszuhalten. Wenn der Schmerz, den Sie ihm zufügen, nicht schlimmer ist, als er es erwartet hatte, dann geben Sie ihm mit Repressalien keinen Grund, seine Meinung zu ändern.
- »Damit kann ich leben.« Selbst wenn der andere nicht auf die Schärfe Ihrer Reaktion gefaßt war, findet er eine Möglichkeit, sich anzupassen. Unter Umständen tut er lieber dies, als dem Druck nachzugeben.
- »Ich bin so felsenfest überzeugt von meinem Standpunkt, daß ich unter keinen Umständen nachgeben

werde.« Manche weigern sich aus Prinzip, der Gewalt zu weichen. Ihre Prinzipien sind ihnen so viel wert, daß sie dafür bereit sind zu leiden.

- »Ich lasse mich nicht demütigen.« Druck nachzugeben bedeutet, das Gesicht zu verlieren. Ihr Gegenüber müßte öffentlich entweder einen Irrtum eingestehen oder Schwäche zeigen.

- »Ich würde einen Präzedenzfall schaffen, wenn ich dem Druck nachgäbe.« Ihr Gegenüber meint, auf diese Weise würden Sie merken, daß Sie ihm nur weh zu tun brauchen, um etwas von ihm zu bekommen. Dies könnte Sie ermutigen, ihm noch mehr Schmerz zuzufügen, um noch mehr aus ihm herauszuholen.

- »Ich werde *dir* eine Lektion erteilen.« Während Sie versuchen, dem anderen eine Lektion zu erteilen, versucht er, Ihnen mit gleicher Münze heimzuzahlen: »Du kannst mit mir nicht machen, was du willst. Ich bin ein harter Brocken. *Ich* werde nicht klein beigeben. Also gibst besser *du* klein bei.«

Menschen vermögen schlimmstem Terror standzuhalten. Sollten Sie daran zweifeln, müssen Sie weder Romane lesen noch ins Kino gehen. Sie brauchen nur daran zu denken, wie die Japaner während des Zweiten Weltkriegs auf das amerikanische Bombardement reagierten. Wie General Marshall berichtete, bewiesen die Japaner bei jedem einzelnen Angriff, daß sie sich keinesfalls ergeben und bis zum Tod kämpfen würden. Bei einem einzigen Bombenangriff auf Tokio töteten die Amerikaner 100 000 Menschen, was jedoch nicht die geringste Wirkung zeigte; die Moral der Japaner schien ungebrochen. Der General zog daraus den Schluß, daß es notwendig sei, die Japaner in eine Reaktion

»hineinzuschocken«. Das war der Grundgedanke, der hinter dem Abwurf der Atombombe stand. Sie fiel auf Hiroshima und tötete 80 000 Menschen auf der Stelle. Vögel verbrannten im Flug. Menschen zerfielen noch im Stehen zu Asche. Andere stürzten sich schreiend in Flüsse, um ihre Qualen zu lindern. Man hätten meinen sollen, daß sich die Japaner nach derart furchtbarem Leiden sofort ergeben hätten. Doch noch drei Tage nach dem Abwurf gab es kein Flehen um Gnade. Kein Zeichen von Unterwerfung. Überhaupt nichts kam aus Japan. Aus diesem Grund beschlossen die USA am vierten Tag nach der Atombombe auf Hiroshima, eine zweite Atombombe über Nagasaki abzuwerfen. Dort kamen 70 000 Menschen um. Trotzdem waren die japanischen Politiker uneins, ob der Krieg nicht doch fortgeführt werden sollte. Der Kriegsminister war entschlossen weiterzukämpfen. Er wollte lieber ehrenvoll sterben als sich ergeben.

Manche Menschen haben einen derart starken Willen, daß sogar die Drohung mit vollständiger Vernichtung sie nicht von ihrer Meinung abrücken läßt.

Überlegen Sie einmal: Ist die Ausübung von Druck eine gute Methode, um *Sie* von Ihrer Meinung abzubringen? Ich habe diese Frage schon einem Auditorium von 500 Leuten gestellt, und nicht einer hob die Hand. Nun stellen Sie sich vor, Sie stünden jemandem gegenüber, der dickköpfiger ist als Sie selbst. Wenn *Sie* auf Repressalien nicht nachgeben, wie können Sie da erwarten, daß *er* das tut?

Aggressives Verhalten kann leicht nach hinten losgehen. Am Flughafen beobachtete ich einmal eine Frau, die einen Gepäckträger abkanzelte. Danach ging ich zu ihm und bemerkte: »Da haben Sie ja ganz schön was eingesteckt.« Der Gepäckträger zwinkerte mir zu: »Das ist schon in Ordnung. Diese Frau fliegt nach Dallas. Ich habe dafür gesorgt, daß ihr Gepäck nach Seattle geht.«

Wenn Sie jemanden schurigeln, zahlt er es ihnen vielleicht auf eine Weise heim, mit der Sie nicht rechnen. Außerdem riskieren Sie, daß die Beziehung Schaden nimmt. Wenn Sie frustriert und wütend sind, mögen Ihnen Rache oder Repressalien als einzig richtige Reaktion erscheinen. Doch die »Daumenschrauben«-Methode – ob Sie nun schwerste Geschütze auffahren oder Nadelstiche austeilen – bringt Sie der Lösung Ihres speziellen Problems wahrscheinlich kein bißchen näher.

Wann funktioniert Druck oder Draufhauen? Um diese Frage zu beantworten, sollten wir einige wenige Fälle betrachten, in denen ein solches Vorgehen wirksam und ethisch gerechtfertigt sein kann.

Eltern setzen ihre Kinder unter Druck, damit diese ihre Hausaufgaben machen. Die Bank droht Ihnen mit Repressalien, wenn Sie Ihre Hypothekenzinsen nicht pünktlich zahlen.

Jemanden in Bedrängnis zu bringen war im Fall eines kleinen jüdischen Jungen ethisch gerechtfertigt, weil es ihm half, aus dem kommunistischen Polen herauszukommen, wo er schweren Diskriminierungen ausgesetzt war. Seine Eltern hegten schon seit Jahren den sehnlichsten Wunsch, daß er zu seinem Onkel nach Amerika ausreisen könne, um dort ein besseres Leben zu führen. Doch eine offizielle Ausreisegenehmigung war praktisch überhaupt nicht zu erhalten. Dann kam seinen Eltern eines Tages zu Ohren, daß es einer befreundeten Familie mit zwölf Kindern wunderbarerweise gelungen war, eine Ausreisegenehmigung zu ergattern. Sie baten die Mutter: »Kannst du vielleicht noch ein dreizehntes Kind rausschmuggeln – unseren Sohn?« Sie war einverstanden.

Am Abend, an dem sie abreisen sollten, schärfte die Mutter allen dreizehn Kindern ein, sie sollten sich an der Grenze genauso aufführen wie sonst auch, nur noch ein bißchen wilder: sie sollten sich prügeln, heulen, schreien und überall herumrennen. Vor allem, so schärfte sie ihnen ein, sollten sie *ständig in Bewegung bleiben.*

Sie wußte, was im Kopf des polnischen Grenzbeamten vorgehen würde: »Die Schlange der Leute, die auf die Abfertigung warten, ist so lang, und diese Kinder sind einfach unmöglich. Ich werde es nie schaffen, sie zusammenzutreiben und sie so lange zum Stillstehen zu bringen, bis ich sie gezählt habe.« Und sie hatte recht. Der Beamte zuckte mit den Achseln und winkte sie alle durch.

Sie brachte den Grenzbeamten in Bedrängnis, und dieser gab nach, um sie sich vom Hals zu schaffen. Ob Sie den anderen nun schikanieren, unter Druck setzen, bedrohen oder ihm weh tun, das Grundprinzip bleibt dasselbe: Sie machen ihm Ärger, und er gibt klein bei, um Sie loszuwerden. Der Plan der Mutter gelang, weil sie auf das baute, was im Kopf des Grenzbeamten vorging, nämlich daß es praktisch unmöglich sei, die ganze Kinderhorde zu zählen.

Also: wovon hängt es ab, ob Drohungen oder Druck zum gewünschten Ziel führen? Von den Ansichten des anderen.

Warum hatte die Mutter *Erfolg?* Weil der polnische Grenzbeamte eine bestimmte Ansicht hegte. Warum bewegte die Bombardierung Tokios die Japaner *nicht* zur Kapitulation? Weil sie bestimmte Ansichten hegten. Der Erfolg oder das Scheitern einer jeden Vorgehensweise hängt von den Vorstellungen der anderen Seite ab.

Die »win-win«-Strategie bringt keine Lösung

Viele von uns setzen darauf, dem anderen weh zu tun. Genauso viele vertrauen jedoch auf die entgegengesetzte Methode – Kooperation. Die »win-win«-Philosophie lautet: Sie helfen dem anderen, sein Ziel zu erreichen, dann hilft er Ihnen, Ihr Ziel zu erreichen. Wenn er gewinnt, gewinnen auch Sie. Es wäre schön, wenn es im wirklichen Leben immer so zuginge.

Häufig kollidieren die Ziele beider Seiten. Im wirklichen Leben *wollen* Sie die Pläne der anderen Person oft gar nicht unterstützen. In manchen Fällen wäre das sogar moralisch verwerflich. Man stelle sich einmal vor, man hätte Hitler gegenüber eine Win-win-Strategie angewandt, wie es der britische Premierminister Neville Chamberlain vormachte. Chamberlain bot Hitler an, es zu dulden, wenn dieser einen Teil der Tschechoslowakei besetzte, sofern er zusicherte, den Rest unbehelligt zu lassen. Bereinigte diese Abmachung im Sinn der Win-win-Philosophie Englands Konflikt mit Deutschland? Im Gegenteil. Sie verschärfte ihn. Hitler wurde dadurch ermutigt und besetzte nicht nur die *ganze* Tschechoslowakei, sondern auch noch Polen, was schließlich zum Krieg mit Großbritannien führte. Chamberlains Abkommen ist vielleicht das dramatischste Beispiel aus der neueren Geschichte, das das Win-win-Credo widerlegt.

Nehmen wir einen alltäglicheren Fall: Ein Polizeichef hat die Angewohnheit, in aller Öffentlichkeit sexistische Kommentare von sich zu geben, und er will sich auch weiterhin unzensiert äußern. Das ist sein Ziel. »Freiheit der Meinungsäußerung,« nennt er das. Die Bürgermeisterin dagegen ist eine glühende Feministin. Ihr liegt sicherlich nichts ferner, als seinem Ziel der ungehemmten Selbstdarstellung in die Hände zu arbeiten. Dennoch landet sie genau da – weil sie durchdrungen ist vom Geist der Winwin-Philosophie.

Sie versucht, das Problem auf gütliche und kooperative Weise zu lösen, und sorgt wie Neville Chamberlain nur dafür, daß es sich zuspitzt. Immer wenn der Polizeichef etwas derart Idiotisches von sich gibt, daß es die Zeitung groß und breit herausbringt, nimmt die Bürgermeisterin ihn beiseite und raunt ihm zu: »Pete, Sie müssen diese sexistischen Äußerungen unterlassen. Die Leute regen sich darüber auf.« Doch der Polizeichef läßt sich nicht beirren. Warum?

Er glaubt allen Ernstes, der Bürgermeisterin sei die Sache im Grunde egal. Er sieht die Angelegenheit so: »Sie sagt das doch nur, weil sie muß, um ihr Image in der Öffentlichkeit nicht zu gefährden. Wenn ihr wirklich was daran läge, würde sie mich härter angehen.« Erst als sie ihm mit Entlassung droht, ändert sich, wie zu erwarten, plötzlich sein Verhalten. (Ihre Drohung ist ein weiteres ethisch gerechtfertigtes Beispiel für die Strategie, dem anderen weh zu tun.)

Sollten Sie eine harte Haltung einnehmen?

Verfechter der Win-win-Philosophie behaupten, es sei nicht nötig, unmißverständlich Stellung zu beziehen, wenn man ein Problem aus der Welt schaffen möchte. Ihrer Meinung nach ist ein mit aller Härte vertretener Standpunkt von Natur aus kontraproduktiv. Wenn Sie auf Schwierigkeiten stoßen, sollten Sie sich weiterhin kooperativ verhalten. Das ist eine fatale Faustregel. Neville Chamberlain hat das bewiesen, die Bürgermeisterin mit ihrem Polizeichef ebenfalls.

Sie hatte ihn immer wieder angewiesen, seine Äußerungen zu unterlassen. Aufgrund seiner Einschätzung der Situation tat er dies aber erst, als sie energisch wurde. Wird die andere Person wütend, wenn Sie einen Pflock einrammen? Oftmals ja. Doch es war ein Glück, daß die Bürgermeisterin von ihrer kooperativen, nachsichtigen Einstellung gegenüber dem Polizeichef abließ. Mit ihrer »win-win«-Denkweise hatte sie das Problem nur länger am Leben gehalten. Eine harte Haltung löste es. Die Bürgermeisterin mußte dem Polizeichef eindeutig vermitteln, was sie von ihm verlangte und was passieren würde, wenn er dem nicht nachkam.

Kritische Betrachtung des »win-win«-Ansatzes

»win-win«-Weisheiten:	Strategische Kommunikation:
Wenn der andere gewinnt, gewinnen auch Sie.	Wenn er gewinnt, verlieren vielleicht Sie.
Bringen Sie den anderen seinem Ziel näher, damit er Ihnen hilft.	Bevor Sie ihm helfen, stellen Sie fest, ob er Ihr Ziel unterstützt.

Um den anderen zur Koope-	Manchmal müssen Sie eine
ration zu bewegen, müssen	harte Haltung einnehmen,
Sie mit ihm kooperieren.	bevor er kooperiert.

Natürlich sollten Sie nur dann Stellung beziehen, wenn es strategisch sinnvoll ist. Wenn Sie gewohnheitsmäßig in den Raum marschieren und verkünden: »Das und das ist mein Standpunkt, Vogel friß oder stirb!« dann riskieren Sie, die Lage zu verschlimmern. Wenn Sie jedoch die vier strategischen Schritte nochmals durchgehen und zu dem Schluß kommen, daß Flagge zeigen jetzt das beste ist, dann lassen Sie sich um Himmels willen nicht vom Credo der Winwin-Anhänger von einem strategisch klugen Schritt abhalten. (Zur Erinnerung hier nochmals die Schritte: *Stellen Sie fest, ob ein Mißverständnis oder eine echte Meinungsverschiedenheit vorliegt; bestimmen Sie den nächsten Schritt des anderen voraus; nutzen Sie die Ansichten des anderen, um ihn zu überzeugen; sagen Sie die Reaktion des anderen vorher.*)

Können wir all die Spielchen nicht lassen?

Ist das ganze Hin- und Hergezerre wirklich nötig?
Manche versuchen, »die Spielchen« mit dem Vorschlag zu umgehen, daß alle gleich zu Beginn ganz offen mit dem herausrücken sollten, was sie zu akzeptieren bereit sind – alle sollen also ihre äußerste Grenze offenbaren. Ich beriet einmal einen Topmanager bei der Planung einer Verhandlungsstrategie in einem Rechtsstreit. Er erklärte mir: »Ich möchte mir das Feilschen ersparen. Sagen wir der anderen Seite doch einfach, daß wir ihr zwei Millionen Dollar geben und keinen Cent mehr.«

Ich hatte etliche Vorbehalte: »Ich würde das nicht vorschlagen ...«

Er beharrte: »Die können zufrieden sein mit zwei Millionen! Die können mit 1 800 000 zufrieden sein!«

Ich sagte: »Die Gegenseite wird nur dann zufrieden sein, wenn sie glaubt, sie hätte Sie bis zum Gehtnichtmehr ausgequetscht. Welches Angebot Sie auch machen werden, sie wird probieren, mehr herauszuschlagen. Sie wird Ihnen zusetzen in der Erwartung, daß Sie sich bewegen; dann setzt sie Sie nochmals unter Druck, und Sie bewegen sich ein bißchen weniger; sie probiert es ein drittes Mal, und Sie bewegen sich noch weniger. Erst dann wird sie sich zufriedengeben, weil sie meint, das Höchstmögliche herausgeholt zu haben.«

Er erwiderte: »Ich möchte das ganze Hickhack abkürzen. Ich werde der Gegenseite mein Angebot unterbreiten, und wenn sie nein sagt, gebe ich ihr überhaupt nichts.«

Ich sagte: »Dann werden wir gleich einen toten Punkt erreichen.«

Er meinte: »Das glaube ich nicht!«

Nun, beide Seiten setzten sich zusammen, und der Manager verkündete: »Mir hängt dieses ganze Hin und Her zum Hals hinaus! Deshalb möchte ich das Kesseltreiben beenden. Ich lege meine Karten hier und heute auf den Tisch, und dann können wir alle nach Hause gehen und den Abend mit der Familie verbringen. Zwei Millionen Dollar.«

Der Vertreter der anderen Firma zog langsam seinen Füller heraus. Er hielt ihn sich vor die Augen. Er drehte ihn. Er musterte ihn eingehend. Und während dieser Schaunummer mit dem Füller konnte ich sehen, wie das Gesicht meines Klienten sich verdüsterte.

Der andere schob den Füller wieder in seine Tasche und sagte: »Ich muß Ihr Angebot erst einmal prüfen.«

Der Manager sprang auf und blaffte: »*Prüfen!*« Ich glaubte, er würde seinem Gegenüber gleich an die Gurgel springen. Er brüllte: »Da gibt es nichts zu *prüfen*. Entweder Sie sagen ja, oder wir sehen uns vor Gericht wieder!« Sie sahen sich vor Gericht wieder.

Die Gegenseite war nicht zu einer Einigung bereit, bevor sie nicht die Gelegenheit zum »Spielchenspielen« gehabt hatte.

Immer wenn die andere Seite Ihnen zusetzt und Sie wie dieser Manager wütend werden und denken: »Warum glauben die mir nicht einfach, daß ich nicht weiter gehen kann?!« dann rufen Sie sich in Erinnerung: *Testen durch Druck gehört zum Prozeß des Problemlösens dazu.*

Menschen testen Grenzen aus, um entscheiden zu können, ob sie zustimmen. Ob eine Vereinbarung die Unterschrift oder den Handschlag lohnt, beurteilen Menschen unter anderem mit Hilfe der Frage: »Könnte ich mit dieser Person einen noch besseren Handel abschließen?«

Selbst wenn Sie die Gegenseite wirklich daran hindern könnten, Ihre Grenzen auszutesten, würden Sie sie damit nur daran hindern, unterschwellige Zweifel an Ihrer Bereitschaft zu Zugeständnissen über Bord zu werfen.

Sie wollen doch sicher nicht, daß der andere alles wieder in Zweifel zieht (»Vielleicht wäre ich doch besser gefahren, wenn ich ihm ein bißchen härter zugesetzt hätte«). Sie wollen doch sicher nicht, daß er sich betrogen fühlt. Sie wollen, daß er zufrieden ist. Wenn *er* zufrieden ist, haben *Sie* weniger Ärger.

Wenn sich zwei feindliche Lager gegenüberstehen, ist es

häufig unmöglich, dieses Austesten von Grenzen zu umgehen. Andererseits dient es aber sehr nützlichen Zwecken:

- Es beseitigt unterschwellige Zweifel.
- Es vermittelt dem anderen größere Zufriedenheit.
- Es gibt ihm das Gefühl der Gewißheit, mit seinem »ja« eine kluge Entscheidung getroffen zu haben.

Sollten Sie Informationen preisgeben?

Der Topmanager legte seine Karten auf den Tisch und verlor haushoch. Was die verbreitete Vorstellung bestätigt, daß Wissen Macht ist und man Informationen zurückhalten sollte, wenn man sich die Macht bewahren will. Diese Vorstellung vereinfacht unzulässig.

Meine Studentin Lois suchte eine Arbeitsstelle und erhielt einen Anruf von einem möglichen Arbeitgeber. Sie berichtete mir: »Er fragte mich immer wieder, wie interessiert ich sei, und ich sagte so wenig wie möglich. Ich dachte: *Gib keine Informationen heraus.* Richtig?«

Falsch. Versetzen wir uns an seine Stelle. Lois zukünftiger Chef glaubt: »Wenn sie Interesse an der Stelle hat, wird sie sich engagiert zeigen.« Wenn nicht, stellt er vielleicht jemand anderen ein. Nachdem sie das bedacht hatte, schrieb Lois ihm eine Notiz, daß sie sich sehr darauf freue, in seiner Firma zu arbeiten.

Viele von uns halten bei Verhandlungen mit Informationen hinterm Berg, weil wir einen Machtverlust befürchten. Doch das Zurückhalten von Informationen als solches verhilft Ihnen nicht automatisch zu Macht. Die richtige

Entscheidung, was Sie preisgeben sollten und was nicht, verhilft Ihnen zu Macht. Mit anderen Worten, eine kluge *Strategie* verhilft Ihnen zu Macht.

Lois traf eine kluge strategische Entscheidung, nämlich den Eindruck von Engagement zu vermitteln. Sie traf zudem die kluge Entscheidung, nicht zu erwähnen, daß sie seit neun Monaten arbeitslos war. Sie gab nicht alle Informationen preis, die sie besaß. Je nachdem, wie Ihr Gegenüber reagierte, entschied sie, was sie verraten und was sie verschweigen wollte.

Bevor Sie etwas mitteilen, versuchen Sie, die Reaktion des anderen vorherzusagen. Überlegen Sie, ob die Enthüllung Ihnen nützt oder schadet. (Natürlich müssen Sie zuweilen aus moralischen Gründen Informationen preisgeben, die Ihren Interessen schaden. Etwa wenn Sie unabsichtlich ein parkendes Auto rammen und eine Schuldanerkenntnis mit Ihrer Adresse hinterlassen.)

Sollte ich das erste Angebot machen? Als es an die Gehaltsverhandlungen ging, überlegte Lois, ob sie mit ihren Wünschen herausrücken oder zuerst ihren künftigen Chef ein Angebot machen lassen sollte. Ich fragte sie: »Wieviel glaubt er Ihnen aufgrund Ihrer Bewerbungsunterlagen anbieten zu müssen?«

Lois erwiderte: »Etwa 40 000 Dollar.«

Ich fragte: »Kann er Ihnen das anbieten? Liegt das diesseits seiner unmittelbaren Grenze?«

Sie entgegnete: »Ja. Ich habe eine Freundin in dieser Firma, und sie sagt, das liege im oberen Bereich dessen, was er zahlt.«

Ich hakte nach: »Sie könnten also keinesfalls mehr bekommen?«

Sie sagte: »Wahrscheinlich nicht.«

Ich schlug vor: »Dann lassen Sie ihn anfangen; er orientiert sich dann an seiner Ansicht, daß er Ihnen 40 000 Dollar bieten muß.«

Sollten Sie also Ihren Standpunkt als erste / r preisgeben? In diesem Fall lautet die Antwort nein. Lois' zukünftiger Chef befand sich schon an seiner unmittelbaren Grenze. Er glaubte, er müsse ihr sein bestmögliches Angebot machen – 40 000 Dollar. Im Augenblick konnte sie nicht mehr herausholen.

Nehmen wir nun einmal an, daß seine unmittelbare Grenze zwar immer noch bei 40 000 Dollar liegt, daß er jedoch merkt, daß sie sich mit weniger (33 000 Dollar) zufriedengeben würde. Hätte sie nun einen Nutzen davon, wenn sie als erste einen Gehaltsvorschlag macht?

Ja.

Jetzt könnte Lois eine Summe im oberen Bereich der Skala verlangen, sagen wir 38 800 Dollar. Sie weiß, daß er 40 000 Dollar zu zahlen vermag. Wenn sie ihre Forderung glaubhaft vorbringt, wird er erkennen, daß seine anfängliche Vorstellung von 33 000 Dollar unrealistisch niedrig ist. Er wird einsehen, daß er sie besser bezahlen muß.

Wenn Sie Ihren Standpunkt als erste / r offenlegen, können Sie die Erwartungen des anderen vorherbestimmen.

Es folgt eine Faustregel für die Frage, ob Sie als erste / r mit einem Angebot herausrücken sollen: Im allgemeinen profitieren Sie vom ersten Angebot, *wenn Ihr Angebot den Erwartungen des anderen zuwiderläuft, aber noch diesseits seiner unmittelbaren Grenze liegt.* In unserem hypothetischen Szenario beträgt das Angebot von Lois 38 800 Dollar – was der Erwartung Ihres Chefs widerspricht (33 000 Dollar) und dennoch diesseits seiner unmittelbaren Grenze liegt (40 000 Dollar).

Keine Informationen preisgeben ... nicht wahr?

Landläufige Weisheiten:	*Strategische Kommunikation:*
Wissen ist Macht.	Strategie verleiht Ihnen Macht.
Legen Sie Ihren Standpunkt nicht offen.	*Wägen Sie ab,* was Sie preisgeben.
Sagen Sie so wenig wie möglich.	Sagen Sie so viel, wie Ihnen dienlich ist.

Wieviel sollten Sie verlangen?

Warum sollte Lois anfangs nur 38 800 Dollar fordern? Wenn sie soviel wie möglich bekommen möchte, sollte sie dann nicht gleich 40 000 Dollar verlangen? Oder sogar 45 000 Dollar?

Halten Sie sich vor Augen, daß Sie an Lois' Stelle im Höchstfall 40 000 Dollar zu erwarten haben – dort liegt die unmittelbare Grenze des Chefs. Diese kann sich jedoch von dem Betrag unterscheiden, den Sie eingangs verlangen sollten. *Die richtige Höhe Ihrer Eingangsforderung hängt von den Ansichten Ihres Gegenübers zu Verhandlungen ab.* Betrachten wir zwei typische Beispiele.

Die Händlermentalität. Angenommen, Ihr künftiger Chef hegt die Ansicht, daß ein erstes Angebot einen Wunsch oder eine Hoffnung darstellt und niemals ernst genommen werden sollte. Er folgt dem Prinzip: »Handle das erste Angebot immer herunter.« Wenn das seinen Auffassungen entspricht und Sie zu Beginn genau das verlangen, was Sie wollen, dann bekommen Sie es wahrscheinlich nicht. Wenn Sie 40 000 Dollar wollen und verlangen, sagt er nein und versucht sie herunterzuhandeln. Am Ende haben Sie Glück, wenn Sie 35 000 kriegen.

Wenn Ihr Gegenüber eine Händlermentalität hat, lautet die Regel: Steigen Sie mit einer Forderung jenseits der unmittelbaren Grenze des anderen ein. Sie verlieren nichts, wenn Sie mehr verlangen, weil Ihr Gegenüber Ihr erstes Angebot ohnehin nicht ernst nimmt. Wenn Sie 40 000 Dollar wollen, können Sie 42 000 oder sogar 45 000 verlangen, je nachdem wie weit er glaubt, Sie herunterhandeln zu müssen.

Dies läßt »Verhandlungsspielraum« zu – Spielraum für die andere Seite, Sie auf die Zahl herunterzufeilschen, die Sie in Wirklichkeit erwarten. Wenn Sie einen Verhandlungsspielraum einplanen und eingangs 45 000 Dollar fordern, dann bekommen Sie nach der Schacherei vermutlich ein Gehalt von etwa 40 000 Dollar.

In vielen Kulturen ist die Händlermentalität gang und gäbe. In den westlichen Ländern haftet dem Feilschen jedoch zumeist etwas von Betrug an, weil man im einen Augenblick einen bestimmten Betrag fordert und im nächsten einräumt, daß man sich auch mit einem geringeren zufriedengäbe. Doch wenn alle stillschweigend die Spielregeln befolgen, ist am Feilschen per definitionem nichts Betrügerisches.

Wenn Sie es mit einer Person zu tun haben, die der Händlermentalität anhängt, und Sie merken das nicht und versäumen es, Ihre Strategie darauf einzustellen, dann riskieren Sie, über den Tisch gezogen zu werden.

Die »Ehrliche-Haut«-Mentalität. Nehmen wir jetzt an, Sie führen Gehaltsverhandlungen mit einem künftigen Chef, der an »offene, ehrliche Kommunikation« glaubt. Er vertritt die Ansicht, jeder Mensch sollte offen sagen, was er will. Er hält nicht hinterm Berg und findet, Sie sollten das auch nicht tun. Wenn Sie eine Zahl nennen, glaubt er, daß Sie sie ernst meinen.

Was Gehaltsverhandlungen betrifft, so ist er der Meinung, Sie sollten ehrlich sagen, was Sie für nötig halten, und wenn er kann, gibt er es Ihnen. Wenn nicht, sagt er nein, und der Job ist gestorben. Er macht kein Gegenangebot. Warum? Weil er darauf vertraut, daß Sie ehrlich sagen, wieviel Sie wollen. Würden Sie ein niedrigeres Gegenangebot akzeptieren, so würde das bedeuten, daß Sie mit Ihrer ersten Forderung nicht ganz ehrlich gewesen sind, daß Sie übertrieben viel verlangt haben, um ihn zu manipulieren.

Halten Sie sich nun wieder vor Augen, daß seine unmittelbare Grenze bei 40 000 Dollar liegt. Wenn Sie sein Büro mit dem Vorsatz betreten, 42 000 Dollar zu fordern, dann überlegen Sie einen Augenblick und versuchen Sie, seine Reaktion vorherzusagen. Wenn er die eben geschilderte Einstellung zu Verhandlungen hegt, wird er nein sagen, und Sie bekommen die Stelle nicht. Er wird erklären: »Tut mir leid, ich hätte Sie gern eingestellt, aber mein Budget ist nicht so groß.«

Nehmen wir an, Sie erwidern: »Na gut, ich könnte auch 40 000 Dollar akzeptieren.« Wie wird er als »ehrliche Haut« darauf reagieren? Er wird sagen: »Nun, wenn Sie bis 40 000 Dollar runtergehen wollten, warum haben Sie das dann nicht gleich verlangt? Warum haben Sie nicht mit offenen Karten gespielt?« Für ihn ist Ihre Glaubwürdigkeit nun Geschichte. Ebenso wie Ihre Bewerbung.

Wenn Sie mit einer Person verhandeln, die der »Ehrliche-Haut«-Mentalität anhängt, lautet die Regel: Sorgen Sie dafür, daß Ihre Forderung diesseits ihrer unmittelbaren Grenze liegt.

Wenn Sie also wissen, daß die unmittelbare Grenze des Chefs bei 40 000 Dollar liegt, dann sollten Sie 40 000 Dollar verlangen ... nicht wahr?

Nicht so rasch. Halten Sie einen Augenblick inne, um seine Reaktion vorherzusagen.

Angenommen, er reagiert auf eine Forderung von 40 000 Dollar beunruhigt: Wenn er Sie von Anfang an mit einem Spitzengehalt einstellt, kann er ihnen keine Gehaltserhöhung geben; dann besteht die Gefahr, daß Sie das nach einem oder zwei Jahren unzufrieden macht.

Oder wir nehmen an, er hält Sie für raffgierig, weil Sie gleich das Äußerste verlangen, was er Ihnen zubilligen kann.

Wenn Sie ahnen, daß er auf eine Eingangsforderung, die an seiner unmittelbaren Grenze liegt, negativ reagiert, dann sollten Sie besser davon Abstand nehmen und ein bißchen weniger verlangen ... etwa 38 800 Dollar.

Bevor Sie irgendein Angebot machen, versuchen Sie, die Reaktion Ihres Gegenübers vorherzusagen. Bevor Sie eine Forderung aussprechen, sollten Sie die Einstellung des anderen zum Verhandlungsprozeß ergründen. (Schlagen Sie nach unter *Wie finden Sie heraus, was im Kopf des anderen vorgeht?* Seite 126)

Nutzen Sie die Gunst des Augenblicks

Wenn Ihr Chef Ihnen heute 40000 Dollar bietet, heißt das nicht, daß er das morgen auch noch tut. Denken Sie daran, daß sich die unmittelbare Grenze einer Person verschieben kann. Wenn ein strategischer Moment eintritt und Sie trödeln herum, dann besteht die Gefahr, daß der andere in der Zwischenzeit seine Meinung ändert und Sie alles verlieren.

Genau dies passierte Lois. Sie erhielt ein letztes Angebot über 40000 Dollar und druckste herum, ob sie es annehmen sollte. Einige Tage später rief ihr Chef sie an, um ihr mitzuteilen, daß die Firma umstrukturiert werde und deshalb alle Neueinstellungen aufgeschoben würden.

Lois glaubte, Angebote hätten unbegrenzte Gültigkeit. Diese Annahme ist weit verbreitet; auch ich war ihr in meiner Jugend verfallen. Im Alter von elf Jahren pflegte ich meine schmutzige Wäsche auf den Boden meines Zimmers zu werfen und darauf herumzulaufen. Eines Tages kam meine Mutter zu mir herauf und erklärte: »Ich bin es leid, dir ständig zu predigen, daß du deine Kleider aufheben sollst. Sie gehen schneller kaputt, wenn du darauf herumtrampelst, das Zimmer müffelt, und außerdem geht es mir auf den Wecker. Von jetzt an werde ich deine Wäsche nicht mehr waschen, wenn du deine Kleider nicht mindestens eine Woche lang immer vom Boden aufgehoben hast.« Sie glaubte, wenn ich meine Sachen gewaschen haben wollte, würde ich sie aufheben.

Sie irrte. Ich ließ *mich* doch nicht von *ihr* ändern. Ich würde es ihr zeigen. Ich warf meine Kleider weiterhin auf den Boden. Während dessen brachte mir meine Mutter den Umgang mit Waschmaschine und Trockner bei. Sie war überglücklich. Sie brauchte sich nicht mehr um meine Wäsche zu kümmern! Sie hatte es so eingerichtet, daß sie, egal was ich auch tat, gewann. Entweder räumte ich mein Zimmer auf, oder sie brauchte meine Wäsche nicht zu waschen.

Nach einem Jahr dämmerte mir, daß ich reingefallen war.

Ich bat sie in mein Zimmer, öffnete die Tür und verkündete stolz: »Guck mal, Mami, ich habe meine Kleider eine Woche lang immer vom Boden aufgehoben!«

Sie entgegnete: »Tut mir leid, David, ich bin es jetzt gewohnt, daß ich mich um deine Wäsche nicht mehr zu kümmern brauche. Ich habe keine Lust, dir jetzt wieder deine Sachen zu waschen.« Ich wurde *fuchsteufelswild*. Ich stampfte auf: »Das ist nicht fair! Du hast nicht gesagt, daß das Angebot zeitlich begrenzt war!« Sie erwiderte: »Ich konnte doch nicht ahnen, daß du ein Jahr warten würdest. Eine günstige Gelegenheit muß man beim Schopf ergreifen.«

Achten Sie auf verborgene Gelegenheiten. Als Kind glaubte ich natürlich, daß der ganze Daseinszweck meiner Mutter darin bestünde, meine Wäsche zu waschen. Ich erkannte nicht, daß sich in ihrer Drohung, meine Wäsche nicht mehr zu waschen, in Wahrheit das Angebot verbarg, sie weiterhin zu waschen (wenn ich sie nicht mehr auf den Boden warf). Eine günstige Gelegenheit erscheint häufig nicht als solche. Oft tritt sie in Gestalt einer Drohung auf.

In einem der vorigen Kapitel berichtete ich über den Streit zwischen Bob und seiner Vermieterin über die Beendigung des Vertrages. Die Vermieterin ist der Meinung, Bob müsse einen Abstand wegen vorzeitiger Kündigung zahlen; Bob ist gegenteiliger Ansicht.

Die Vermieterin erklärt: »Wenn Sie nicht zahlen, werde ich die Angelegenheit meinen Anwälten übergeben. Vielleicht setzen Sie sich lieber mit denen auseinander.«
Sie formuliert das als Drohung, doch Bob erkennt darin einen strategischen Moment. In Wahrheit sagt die Vermieterin, daß sie jetzt einen bestimmten Schritt machen will, nämlich ihn mit ihren Anwälten zu konfrontieren. Sehen wir uns an, wie Bob diesen strategischen Moment nutzt, um die Konfrontation zu entschärfen:
»Sie schlagen also vor, die Sache Ihren Anwälten zu übergeben. Ich finde, das ist eine gute Idee. Sorgen Sie doch dafür, daß einer Ihrer Anwälte mit mir Kontakt aufnimmt, damit wir den Vertrag noch mal gemeinsam prüfen. Ich bin sicher, daß wir die Angelegenheit regeln können.«
Dieser Vorschlag überrumpelt die Vermieterin. Wenn sie ihre Anwälte erwähnt, erschrecken die Leute gewöhnlich und geben klein bei. Dieser Bob dagegen *begrüßt* es, die Anwälte einzuschalten. Sie erwidert: »Äh ... in Ordnung.«
Sie mögen sich jetzt fragen: »Warum stellt ihre Ankündigung, ihre Anwälte einzuschalten, für Bob einen strategischen Moment dar?« Dafür gibt es zwei Gründe:

• Erstens kommt Bob mit der Vermieterin nicht weiter. Sie glaubt im Recht zu sein, und aufgrund dieser Auffassung ist sie nicht kompromißbereit. Bob weiß nicht, was er tun soll. Da schlägt sie ein Gespräch mit einer dritten Partei vor. Keine schlechte Idee. Natürlich kann sich der Anwalt als genauso hart gesotten entpuppen, er könnte aber auch zugänglicher sein. Bob denkt sich, es könnte einen Versuch wert sein.

• Der zweite Grund, weshalb der Vorschlag der Vermieterin für Bob einen strategischen Moment darstellt, ist der: Sie bietet ihm an, für ein Gespräch mit Bob 150 Dollar pro Stunde auszugeben. Soviel kostet ihr Anwalt. Für jede *Minute*, die Bob mit dem Anwalt redet, zahlt seine Gegnerin 2,50 Dollar. Bob dagegen kostet es keinen Cent. Das nenne ich die Zeit für sich arbeiten lassen! Nach fünf Stunden belaufen sich die Anwaltsgebühren auf eine Höhe, die einer Monatsmiete entsprechen, und die Vermieterin hat überhaupt nichts gewonnen.

Natürlich ist ihr das klar. Sie weiß nun, daß Bob ihren Bluff durchschaut und daß sie ihn nicht mit ihrem Anwalt einschüchtern kann. Da ihr dieser Weg jetzt verschlossen ist, läßt sie sich vielleicht bereitwilliger auf Verhandlungen ein.

Der Gummibandeffekt

Der Rat, günstige Gelegenheiten beim Schopf zu fassen, hat einen Haken. Sie riskieren den – wie ich ihn nenne – Gummibandeffekt. Sie wissen, was passiert, wenn Sie ein Gummiband dehnen: Es schnellt zurück. Menschen verhalten sich ähnlich. Wenn sie den Eindruck haben, daß sie über Gebühr strapaziert wurden, schnellen sie zurück, oft bis zu ihrer Ausgangsposition. Menschen geben nicht nur klein bei, weil sie Angst kriegen, sondern auch weil sie realistisch werden. Sie sehen, auf was sie sich eingelassen haben, und die Folgen davon, und es juckt sie, ihr Wort zu brechen.

Versuchen Sie, den Gummibandeffekt zu vermeiden, indem Sie langsam vorgehen und Ihr Gegenüber immer wieder fragen: »Können Sie dem wirklich aus vollem Herzen zustimmen? Möchten Sie noch einmal darüber nachdenken?« Manchmal ist es jedoch klüger, die Zusage des anderen hinzunehmen und zu hoffen, daß er sie einhält. Wenn Sie die Probe aufs Exempel zu oft machen, bringen Sie die Abmachung als solche in Gefahr.

Ein einschlägiges Beispiel: An seinem ersten Arbeitstag kam unser neuer Boß überströmend vor Begeisterung in die Firma. Er sagte: ja zu allem. Ja zu neuen Mitarbeitern. Ja zu komplizierten juristischen Dokumenten. Ich steckte meinen Kopf in sein Büro und fragte: »Entschuldigen Sie, Sir, könnte ich einen Firmenwagen für den Weg zur Arbeit benutzen?«

»Ja!« sagte er.

Ich wollte mein Glück nicht mit der Frage aufs Spiel setzen: »Äh, Sir ... sind Sie *sicher*?« Ich dachte nur bei mir: Wenn der Chef den Wagen zurückhaben will, dann gibst du ihn eben zurück. (PS: Ich gab ihn zurück, als ich die Firma verließ.)

Bei einem Geschäftsabschluß können Sie die Gefahr des Gummibandeffekts häufig dadurch verringern, daß Sie von vornherein auf Konventionalstrafen bestehen. Dahinter steht der Gedanke, daß die andere Seite die Vereinbarung wahrscheinlich weniger leicht bricht, wenn sie dafür einen hohen Preis zahlen muß. Ein Beispiel für Konventionalstrafen sind Sicherheiten für einen Kredit. Wenn Sie Ihren Verbindlichkeiten nicht nachkommen, zahlen Sie eine empfindliche Konventionalstrafe: Die Bank wird Eigentümer Ihrer Sicherheiten.

Als weitere Vorkehrung gegen den Gummibandeffekt können Sie die andere Seite davor warnen, die Vereinbarung nicht einzuhalten: in diesem Fall werden Sie das nämlich ebenfalls nicht tun. Wenn die Gegenseite will, daß Sie Wort halten, überlegt sie es sich vermutlich zweimal, bevor sie ihres bricht.

Doch was ist, wenn der Gummibandeffekt trotz all Ihrer Bemühungen dennoch eintritt? Was können Sie tun, wenn die unmittelbare Grenze der anderen Seite plötzlich schrumpft und sie nun nicht mehr zu dem Schritt bereit ist, den Sie wünschen? *Schlagen Sie einen Reserveschritt vor.* Ein Reserveschritt ist ein kleinerer, leichterer und weniger riskanter Schritt: Er verlangt weniger Veränderung.

Meine Kursteilnehmerin Nancy wollte bezahlten Urlaub, weil sie schwanger war. Sie sprach mit ihrem Personalchef, und er versprach ihr, eine formelle Vereinbarung aufzusetzen.

Tags darauf rief er Nancy an, um ihr mitzuteilen, daß er seine Meinung geändert habe. Er erklärte, bei einer offiziellen Vereinbarung könnte jeder Angestellte Urlaub verlangen, auch dann, wenn die Firma sich das gerade nicht leisten könne. Glücklicherweise hatte Nancy einen Reserveschritt parat. Wenn ihrem Personalchef ein formelles, für alle gültiges Abkommen nicht möglich war, wäre er dann mit einer informellen, nur sie betreffenden Absprache einverstanden? Er war. Diesen Schritt konnte er viel leichter machen.

Wie dieser Fall verdeutlicht, sollten Sie sich auf eine Art Echternacher Springprozession gefaßt machen: »Zwei Schritte vor, einer zurück.« Sie kommen voran, Sie werden zurückgeworfen. Manchmal oft. Und Sie müssen bereit sein, sich darauf einzustellen.

Der Verkäufer Jack berichtet mir, wie er damit fertig

wurde: »Mein größter Kunde, HP, stand kurz davor, den Vertrag mit uns zu verlängern. Dann machte ihm ein Konkurrent ein Angebot, das 20 Prozent unter dem unsrigen lag, und mit einem Mal war es ausgeschlossen, daß wir den Zuschlag bekamen.

Glücklicherweise hatte ich einen Reserveschritt für HP in petto. Ich sagte: ›Unser Leistungsniveau kennen Sie; Sie wissen aber nicht, was die anderen bringen. Wenn Sie das *ganze* Geschäft mit einer unbekannten Firma abschließen und die baut Mist, stehen Sie dumm da. Wie wäre es also mit folgendem Vorschlag: Wir machen ein ähnliches Preisangebot für das erste Jahr, und Sie geben uns einen Anteil von 20 Prozent an dem Geschäft. Für Sie ist das eine Versicherungspolice ohne Risiko. Sie haben jemanden, auf den Sie sich verlassen können, wenn die anderen nicht liefern.‹«

Und hier lächelt Jack. »Ich wußte, daß niemand, der uns um 20 Prozent unterbietet, was verdienen kann, ohne am Service zu sparen. Als der Wettbewerber versagte, standen wir in den Startlöchern und bekamen den Vertrag wieder zu unseren alten Bedingungen.«

Versuchen Sie nicht, genial zu sein

Jacks Plan war nicht eben raffiniert. Dennoch meinen wir häufig, unsere Strategie müsse ganz besonders ausgefuchst sein. Zuweilen fragen mich Leute, wie sie zu einer Strategie kommen, die clever bis ins letzte ist. Diese Frage geht am Kern der Sache vorbei. Ihr Ziel besteht schließlich nicht darin, sich als Genie zu erweisen. Es geht nicht darum, ein geistiges Kunstwerk zu schaffen, vor dessen Finessen alle in Ehrfurcht erstarren. Ihr Ziel besteht darin, einen Plan zu entwickeln, der funktioniert.

In dem Film *Jäger des verlorenen Schatzes* gibt es eine Szene, in der der Held Indiana Jones von einem meisterlichen Schwertkämpfer überrascht wird, der seine Klinge formvollendet durch die Luft wirbelt. Das sieht ungeheuer angsteinflößend aus, bis Indiana Jones einen Revolver zieht und ihn wegpustet. Die Moral von der Geschichte: Versuchen Sie nicht, raffiniert zu sein. Seien sie *effektiv.*

Einige der effektivsten Strategien sind altbekannt und unspektakulär. Beispielsweise zu weinen, um Aufmerksamkeit auf sich zu lenken. Oder der Gegenseite auf halbem Weg entgegenzukommen. Oder sich einverstanden zu erklären mit: »Erst machen wir, was du willst, dann machen wir, was ich will.«

Angesichts einer so banalen Lösung kommen viele zu dem Schluß, daß Lösungen immer gleich ins Auge springen müßten. Doch zuweilen muß man seinen Grips ganz schön anstrengen, um eine Strategie zu finden, die einem speziellen Problem angemessen ist.

Als die Hupe an meinem Auto kaputtging, fielen mir alle möglichen defekten Teile ein, die vielleicht ersetzt werden mußten. Die Hupe. Eine Sicherung. Ein Verbindungsstekker. All diese Überlegungen erwiesen sich jedoch als falsch. Ich brachte den Wagen in die Werkstatt, und wissen Sie, was der Mechaniker tat? Er lötete ein gebrochenes Kabel. Ich hatte die eine einfache, richtige Lösung übersehen. Kostenpunkt: 25,50 Dollar. »50 Cent«, so erklärte er mir, »kostet das Löten. 25 Dollar kostet es herauszufinden, daß Löten das Richtige war.«

Die richtige Maßnahme herauszufinden stellt insbesondere dann eine Herausforderung dar, wenn Sie mitten in einer Konfrontation stecken. Dann sind die vier strategischen Schritte besonders hilfreich. Doch wie erlangen Sie genügend Routine in strategischer Kommunikation, um in der Situation strategisch denken zu können?

Kernpunkte in: Strategische Fragen und Antworten

1. Wenn Sie darüber entscheiden, ob Sie Information preisgeben, sollten Sie sich vor Augen halten, daß Ihnen Preisgeben oder Zurückhalten nicht als solches zu Macht verhilft. Die richtige Entscheidung, was Sie preisgeben, verleiht Ihnen Macht. Bevor Sie eine Information geben, sollten Sie die Reaktion Ihres Gegenübers vorhersagen.

2. Als allgemeine Regel gilt, daß Sie das erste Angebot machen sollten, *falls Ihr Angebot den Erwartungen Ihres Verhandlungspartners zuwiderläuft, aber diesseits seiner unmittelbaren Grenze liegt.* (Siehe beispielsweise S. 199.)

3. Ergründen Sie, um die Höhe Ihrer Forderung festzulegen, was die Gegenseite vom Verhandeln hält.
   - Wenn sie eine Händlermentalität hat, dann verlangen Sie zu Beginn *mehr*, als ihre unmittelbare Grenze zuläßt.
   - Wenn sie die »Ehrliche-Haut«-Mentalität hat, dann sorgen Sie dafür, daß Ihre Forderung *diesseits* ihrer unmittelbaren Grenze liegt.

4. Bevor Sie von der Strategie Gebrauch machen, dem anderen weh zu tun, sollten Sie sich die zahlreichen Gründe vor Augen führen, weshalb diese Methode häufig versagt. Ihr Gegenüber denkt ...

- »Diese Repressalien sind nicht schlimmer, als ich erwartet hatte.«
- »Damit kann ich leben.«
- »Ich bin so felsenfest überzeugt von meinem Standpunkt, daß ich unter keinen Umständen nachgeben werde.«
- »Ich lasse mich nicht demütigen.«
- »Ich würde einen Präzedenzfall schaffen, wenn ich dem Druck nachgäbe.«
- »Ich werde *dir* eine Lektion erteilen.«

5. Scheuen Sie sich nicht, dem anderen Ihren Standpunkt unmißverständlich klarzumachen, *wenn es strategisch klug ist.* Im Gegensatz zur »win-win«-Philosophie *kann* eine harte Haltung eine Kontroverse beenden – und Kooperation *kann* den Konflikt in die Länge ziehen.

6. Hüten Sie sich vor dem Gummibandeffekt – dem plötzlichen Schrumpfen der unmittelbaren Grenze Ihres Verhandlungspartners. Wenn dieser sich mit einem Mal nicht mehr willens zeigt, den Schritt zu tun, den Sie wünschen, dann schlagen Sie einen Reserveschritt vor.

7. Wenn die Gegenseite Sie weiter bedrängt und Sie werden ärgerlich, dann lassen Sie Geduld walten: Grenzentesten gehört zum Problemlösen dazu. Oft muß die Gegenseite zu der Einsicht gelangen, daß sie das Höchstmögliche herausgeholt hat, bevor sie bereit ist, sich auf eine Einigung einzulassen.

Strategisch denken in der Situation selbst

Sie wissen nun, wie jeder der vier strategischen Schritte für sich allein funktioniert. Als nächstes erfahren Sie, wie man alle Schritte gemeinsam einsetzt, um in der Situation selbst zu überlegen und zu planen. Es folgen Mitschriften von Gesprächen, die wirklich stattgefunden haben, sowie Tips zur Verfeinerung Ihrer strategischen Fertigkeiten.

Es gibt Bücher, die den Leser begeistern und mitreißen. Sie haben ein Buch übers Joggen gelesen, und jetzt möchten Sie unverzüglich Ihre Laufschuhe schnüren und einen Marathon laufen. Sie haben etwas über strategische Kommunikation gelesen, und jetzt möchten Sie sie ohne langes Fackeln im nächsten Streit anwenden.

In beiden Fällen empfiehlt es sich aber, vorher zu trainieren.

Vielleicht haben Sie schon Erfahrung mit dem Einsatz einiger Elemente der strategischen Kommunikation. Erfolgreiche Menschen verwenden sie intuitiv. Doch Sie sollten sich insbesondere im Gebrauch der vier strategischen Schritte üben, bevor Sie erwarten dürfen, daß Sie sie auch unter Druck geschickt einsetzen können. Doch wie können Sie sich am einfachsten und leichtesten mit den vier strategischen Schritten so vertraut machen, daß Sie sie schließlich auch in der Situation selbst anwenden können?

Beginnen Sie mit einem risikoarmen Problem

Wenden Sie die Methode der strategischen Kommunikation nicht gleich auf diejenigen Probleme an, die Ihnen die stärksten Bauchschmerzen bereiten. Wie ein neues Paar Joggingschuhe muß auch eine neue Methode »eingelaufen« werden. Je öfter Sie sie benutzen, desto vertrauter wird sie Ihnen. Beginnen Sie Ihr Training in strategischer Kommunikation also mit Problemen, bei denen nicht viel auf dem Spiel steht und Ihnen ziemlich gleichgültig ist, was letztendlich dabei herauskommt. Je besser Sie die vier strategischen Schritte beherrschen, auf desto kn ffligere Fälle können Sie sie anwenden.

Planen Sie Ihre Strategie, wenn Sie nicht unter Druck stehen

Nur allzu leicht fühlen Sie sich frustriert und überfordert, wenn Sie eine neuerworbene Fähigkeit gleich in einer stressigen Situation anwenden. Planen Sie Ihren nächsten Schritt deshalb nicht in der Hitze des Gefechts, wenn Sie Ihrem Streitpartner Auge in Auge gegenüberstehen. Planen Sie vor der direkten Begegnung. Dies ist nicht nur ein gutes Verfahren, um sich in strategischer Kommunikation zu üben, sondern auch eine kluge Faustregel, die unabhängig davon gilt, wie erfahren Sie schon sind.

Nehmen wir beispielsweise an, daß in Ihrer Abteilung ein Riesenprojekt, das seit sechs Wochen läuft, abgeschlossen werden muß und daß Ihre Chefin Sie gebeten hat, am Wochenende zu arbeiten – unbezahlt. Sie fühlen sich ausgenutzt, aber was sollen Sie machen?

1. *Stellen Sie fest, ob ein Mißverständnis oder eine echte Meinungsverschiedenheit vorliegt.*

   »Verschwände das Problem, wenn meine Chefin nur kapieren würde, daß ich es hasse, am Wochenende zu arbeiten? Ha! Sie weiß es ganz genau; trotzdem will sie, daß ich am Wochenende arbeite. Eine echte Meinungsverschiedenheit.«

2. *Planen Sie den nächsten Schritt des anderen voraus.*

   »Was ist das Äußerste, zu dem ich meine Chefin im Augenblick bewegen kann? Wenn ich die Überstunden bezahlt haben will, sagt sie, daß ihr Budget das nicht hergibt. Was wäre ein kleinerer Schritt, den sie machen kann? Sie könnte mir Freizeitausgleich für die Wochenendarbeit geben. Das ist wohl realistisch.«

3. *Nutzen Sie die Ansichten des anderen, um ihn zu überzeugen.*

   »Was denkt meine Chefin? Welche Vorstellungen hat sie – und auf welche sollte ich aufbauen? Sie ist der Ansicht, daß wir alle ›teamorientiert‹ arbeiten sollten und daß die Arbeit unter allen Umständen erledigt werden muß. Sie wird sich empfänglicher für meine Wünsche zeigen, wenn sie weiß, daß ich ihren Überzeugungen entsprechend handle und nicht versuche, Überstunden zu vermeiden. Ich könnte so anfangen: ›Ich weiß, daß wir alle an einem Strang ziehen müssen – und wenn das bedeutet, am Wochenende zu arbeiten, dann müssen wir das eben tun.‹ Als nächstes kann ich mein Anliegen vorbringen, weil sie dann weiß, daß ich nicht versuche, mich zu drücken.«

4. *Sagen Sie die Reaktion des anderen vorher.*

   »Wie wird sie reagieren? Sie könnte einwenden, daß sie mir nicht freigeben kann, wenn ich viel Arbeit habe.

Vielleicht muß ich meine Forderung also abwandeln. Vielleicht könnte ich einen Freizeitausgleich verlangen, *wenn die Lage sich wieder entspannt hat und ich meinen Arbeitsrückstand aufgeholt habe.*«

Sie können sich nicht nur vor der Besprechung eine Strategie überlegen, sondern auch während einer Pause. Wenn Sie merken, daß Sie nicht weiterkommen, dann nehmen Sie sich eine Auszeit und gehen Sie nochmals die vier strategischen Schritte durch, damit Ihnen neue Ideen einfallen.

Halten Sie nach dem Gespräch Ihre persönliche Manöverkritik ab

Das alte Sprichwort: »Aus Erfahrung wird man klug« stimmt nicht immer. Es entspricht – um ein anderes Klischee zu bemühen – dem Wesen des Menschen, einen »Schlußstrich« unter ein gelöstes Problem zu ziehen und nie wieder daran zu denken. Infolgedessen machen viele Menschen immer wieder dieselben Dummheiten und lernen nichts dazu.

Wenn Sie Erfahrung haben, bedeutet das nicht per se, daß Sie daraus klug werden. Um aus Erfahrung zu lernen, müssen Sie das Geschehene überdenken:

»Was wollte ich erreichen?«

»Was habe ich erreicht?«

»Warum lief es nicht wie geplant?«

»Was kann ich das nächste Mal besser machen?«

Sie üben sich in strategischer Kommunikation, wenn Sie das Gespräch im Geiste Revue passieren lassen und prüfen, wo Ihnen die Umsetzung der vier strategischen Schritte gelungen ist und wo nicht. Zu welchem Schritt wollten Sie Ihr Gegenüber bewegen? Haben Sie herausgefunden, was in seinem Kopf vorgeht? Je gründlicher Sie üben, strategisch zu denken, desto leichter gelingt Ihnen das auch unter Druck.

Beobachten Sie die Interaktionen anderer

Sie können Ihre strategischen Fähigkeiten auch dadurch verbessern, daß Sie die Begegnungen und Auseinandersetzungen anderer beobachten. Verfolgen Sie, ob und wie die verschiedenen Personen einen der vier strategischen Schritte umsetzen oder nicht und welche Wendung das Gespräch daraufhin nimmt. Sie können jede beliebige Unterhaltung verfolgen, ob zu Hause oder im Büro, ob eine persönliche oder telefonische – sogar in einem Roman oder im Fernsehen.

Greifen wir ein typisches Beispiel aus dem Arbeitsleben heraus, einen Konflikt zwischen den Chefs zweier Abteilungen, der Fertigungstechnik und der Produktion. Mitarbeiter beider Abteilungen bilden die »Arbeitsgruppe Qualitätsentwicklung«, die mit Unterstützung einer Beraterin Verbesserungsvorschläge machen soll. Die beiden Abteilungsleiter sind gemeinsam für die Arbeitsgruppe verantwortlich; die Beraterin schickt jedoch ihre Rechnungen ausschließlich an Roger, den Chef der Produktion, und Roger war so beschäftigt, daß er alle abgezeichnet hat, ohne mit Dawn, der Leiterin der Fertigungstechnik, Rücksprache zu nehmen.

Heute fällt Roger plötzlich wieder ein, daß er und Dawn in drei Tagen ihrem Vorgesetzten ihren ersten Vierteljahresbericht über die Fortschritte der Arbeitsgruppe vorlegen müssen. Roger addiert die Rechnungsbeträge der Beraterin. Die Summe überschreitet das Budget um 15 000 Dollar.

Roger bittet Dawn in sein Büro, um zu besprechen, wie sie den Bericht am besten abfassen. (Meine strategischen Beobachtungen sind kursiv gesetzt.)

ROGER: Wir haben ein großes Problem mit der Kostenüberschreitung, und ich glaube, das wichtigste ist jetzt, daß wir zusammenhalten, weil wir das beide zu verantworten haben.

Beachten Sie, zu welchem Schritt er Dawn bewegen möchte: Er will, daß sie die Schuld mitübernimmt. Dieser Schritt könnte jedoch unrealistisch sein.

DAWN: Nun, Roger, wir mögen zwar offiziell beide die Verantwortung tragen, aber in Wirklichkeit kann ich nicht das geringste für die Kostenüberschreitung. Das ist Ihr Problem. Sie haben es zu erklären, nicht ich. Wie wollen Sie es denn erklären?

ROGER: Ich bin sicher, daß uns etwas einfallen wird.

Roger möchte eine Konfrontation vermeiden. Deshalb beschließt er, nicht darüber zu streiten, wer die Verantwortung trägt. Er hat vielmehr weiterhin vor, Dawn dazu zu bewegen, daß sie ihm hilft, sich eine Argumentation auszudenken. Diese Strategie hat einen Haken. Warum sollte Dawn ihm helfen, wenn sie der Ansicht ist, daß sie keine Verantwortung trägt? Diese Vorstellung ist sehr bestimmend, und Roger muß sich erst erfolgreich mit ihr auseinandersetzen, bevor Dawn kooperiert.

Bemerkenswert ist, daß er das überhaupt nicht tut. Er ist so ängstlich darum bemüht, die Harmonie nicht zu gefährden, daß er es tunlichst vermeidet, Dawns Ansicht in Frage zu stellen. Doch damit ändert er sie nicht. Daß Roger Dawns Überzeugungen igno-

riert, stellt einen seiner schwersten strategischen Fehler in der gesamten Besprechung dar.

DAWN: »Uns« trifft keine Schuld, Roger. Sie sind schuld. Meine Budget-Weste ist blütenweiß. Offensichtlich leiten Sie Ihre Abteilung etwas anders. Ich dagegen möchte meine Integrität nicht aufs Spiel setzen.

ROGER: Dawn, Ihre Integrität ist Ihre Sache, nicht meine. Sie können nicht erwarten, daß ich mich für Ihre Integrität verantwortlich fühle.

Roger kocht vor Wut über Dawns Angriff. Er läßt sich von seinen Gefühlen dazu hinreißen, »Wie-du-mir-so-ich-dir« zu spielen und zurückzuschlagen. Er denkt alles andere als strategisch. Er bemüht sich nicht, ihre Reaktion auf seinen Seitenhieb vorherzusagen. Die Besprechung geht daraufhin schnurstracks den Bach hinunter.

DAWN: Also bitte, ich bin doch nicht diejenige, die all diese Rechnungen abgezeichnet hat. Sie haben das getan, nicht ich. Sie haben es getan, also erklären Sie es auch.

ROGER: Sie und ich haben es gemeinsam zu erklären. Auch Sie tragen Verantwortung. Sie stecken mit mir drin.

DAWN: Oh nein, tu ich nicht, Keinesfalls. Ich werde dafür keine Verantwortung übernehmen. Ich bin nicht diejenige, die das Defizit verursacht hat. Und wenn es deswegen einen Aufstand gibt, dann wird er für Sie viel schlimmer als für mich. Die faulen Eier werden Sie abkriegen.

Jetzt zeigen die beiden wechselseitig mit dem Finger aufeinander. Das Gespräch hat jeden konstruktiven Sinn verloren. Glücklicherweise erkennt Roger dies und bringt die Diskussion wieder zum Thema zurück.

ROGER: Sehen Sie mal, Sie reden hier über ein Ergebnis, bei dem wir beide verlieren. Ich möchte aber, daß wir beide gewinnen. Wir sollten auf unser gemeinsames Bemühen um Qualitätsverbesserung abheben. Darin sind wir uns doch noch einig, oder?

DAWN: Natürlich!

ROGER: Sind Sie zufrieden mit den Fortschritten der Arbeitsgruppe?

DAWN: Und ob! Wir haben einige tolle Ideen gehabt.

Roger hat sie dazu gebracht, einen konstruktiven Schritt nach dem anderen zu machen. Erstens hat sie eingeräumt, daß sie hinter dem Ziel der Arbeitsgruppe steht; zweitens hat sie bestätigt, daß sie mit den Ergebnissen der Gruppe zufrieden ist.

ROGER: Also, wenn sich unser Boß an dieser Kostenüberschreitung festbeißt, dann wird die Arbeitsgruppe ad acta gelegt, und wir verlieren beide. All ihre tollen Ideen werden dann niemals realisiert.

DAWN: Und was wollen Sie jetzt von mir?

Jetzt hat Dawn bereits zwei kleine Schritte getan und ist bereit, noch weiterzugehen. Zum Glück ist Roger darauf gefaßt und kann ihr einen weiteren Schritt vorschlagen.

ROGER: Ich möchte, daß Sie in den nächsten drei Tagen mit mir einen Bericht schreiben, der hervorhebt, welch gute Arbeit die Arbeitsgruppe leistet. Wir fassen alle Qualitätsverbesserungsvorschläge der Gruppe zusammen. Dazu sind Sie doch bereit, oder?

DAWN: Natürlich. Die Zeit ist ein bißchen knapp, aber ich bin dazu bereit.

ROGER: Und wir werden betonen, daß die Gruppe so gut ist, daß sie es verdient, trotz der Kostenüberschreitung weitergeführt zu werden.

Roger bittet Dawn, folgendes zu unterschreiben: »Die Arbeitsgruppe hat so viel geleistet, daß sie weitermachen sollte, auch wenn das Budget überschritten wurde.« Doch wie Sie gleich sehen wer-

den, mißversteht Dawn dies und glaubt, er wolle sie zu einer anderen Aussage bringen: *»Die Maßnahme ist so gut, daß die Kostenüberschreitung gerechtfertigt ist.«*

DAWN: Oh nein! Jetzt fangen Sie schon wieder an. Für die Kostenüberschreitung sind Sie verantwortlich. Sie müssen sie erklären, nicht ich. Wie wollen Sie sie denn erklären?

ROGER: Welche Erklärung würden denn *Sie* vorschlagen?

DAWN: Nein, nein, das ist *Ihr* Problem, nicht meines.

ROGER: Nein, es ist *unser* Problem, denn wenn *wir* nicht zusammenhalten, wird die Arbeitsgruppe aufgelöst.

DAWN: Also, *Sie* haben die Kostenüberschreitung genehmigt, jetzt müssen Sie auch den Kopf dafür hinhalten.

Dawn hat jetzt mehrere kommunikative Signale gegeben, daß sie nicht bereit ist, die Kostenüberschreitung zu rechtfertigen. Die Verantwortung dafür mitzuübernehmen liegt eindeutig jenseits ihrer unmittelbaren Grenze.

Doch Roger bittet sie gar nicht mehr darum. Das hat er aufgegeben. Er möchte jetzt nur noch, daß sie sich für das Weiterbestehen der so erfolgreichen Arbeitsgruppe einsetzt. Leider hat er versäumt, Dawn explizit mitzuteilen, daß sich seine Ziele geändert haben, und nun glaubt sie, er wolle sie immer noch dazu bewegen, die Verantwortung mitzutragen.

Wenn Dawn verstünde, was er eigentlich will, würde sie ja sagen. Sie ist nur darauf bedacht, Schuld von sich zu weisen. Leider erkennt Roger nicht, daß hinsichtlich seiner Bitte ein Mißverständnis vorliegt. Er nimmt an, daß eine echte Meinungsverschiedenheit bestünde. Und seine Lösung lautet: einlenken.

ROGER: Also gut. Sagen wir, ich halte den Kopf hin und gebe zu, daß ich so sehr mit anderen Projekten beschäftigt war, daß ich die Rechnungen einfach abgezeichnet habe.

Dafür erklären Sie, daß die Arbeitsgruppe Großartiges geleistet hat, daß sie das Geld wert war und daß sie weitergeführt werden sollte?

DAWN: Ja.

Dawns einfache Strategie hat sich ausgezahlt. Sie tat nichts anderes, als auf ihrer Ansicht zu pochen, daß er verantwortlich sei, und ihre unmittelbare Grenze aufrechtzuerhalten, um ihn dazu zu bewegen, daß er die Verantwortung übernimmt. Nun hat er diesen Schritt getan.

ROGER: Und wenn ich die Verantwortung übernehme, sind Sie dann bereit, sich mit allem Nachdruck für die Arbeitsgruppe einzusetzen?

DAWN: Na klar! Ich bin voll für die Gruppe. Ich will nur meine Reputation nicht aufs Spiel setzen.

ROGER: Dann werden wir das so machen. Ich glaube, wenn wir beide dem Chef berichten, daß die Arbeitsgruppe sehr gut vorankommt, ist die Kostenüberschreitung kein so großes Problem.

Vielleicht, aber Roger hätte nicht alles auf seine Kappe zu nehmen brauchen. Er hätte Dawn durchaus dazu bringen können, den Bericht mitzuschreiben. Wenn sie fürchtet, daß ihre Reputation auf dem Spiel steht, hätte er vorschlagen können, in dem Bericht ausschließlich die Fortschritte der Arbeitsgruppe, nicht aber die Finanzen zu thematisieren. Oder daß der Bericht ohne jede Schuldzuweisung darstellen sollte, wie zukünftig Kostenüberschreitungen zu verhüten seien.

Roger hatte keine Reserveschritte wie die erwähnten parat, die er Dawn hätte vorschlagen können. Als sie sich daher standhaft weigerte, die Verantwortung mitzuübernehmen, sah er keinen anderen Ausweg, als die Waffen zu strecken und alles auf seine Kappe zu nehmen.

Wenn Sie Gespräche und Auseinandersetzungen durch die

Brille der strategischen Kommunikation betrachten, lernen Sie, strategische Fehler und Gelegenheiten dingfest zu machen. Sie können zudem beobachten, wie erfolgreich manche Menschen die vier strategischen Schritte intuitiv sogar mitten in der Hitze eines Gefechts anwenden.

Konzentrieren Sie sich anfangs auf den ersten strategischen Schritt

Wenn Sie Ihre Fähigkeiten in strategischer Kommunikation hinlänglich verfeinert haben – das heißt, Sie haben Ihren nächsten Schritt geplant, wenn Sie nicht unter Druck standen, und Sie haben die Gespräche anderer und einige Ihrer eigenen im Licht der vier strategischen Schritte kritisch durchleuchtet –, dann, und erst dann, sind Sie in der Lage, Ihre Fähigkeiten in der Situation selbst zu erproben.

Wenn Sie die strategische Kommunikation zum ersten Mal selbst einsetzen wollen, sind Sie vielleicht versucht, alle vier Schritte gleichzeitig anzuwenden. In aller Regel ist das ein Fehler. Sie versuchen, zu viele neue Ideen auf einmal im Blick zu behalten, und verlieren dabei vor lauter Verwirrung den Überblick. Geben Sie sich damit zufrieden, immer nur einen strategischen Schritt auf einmal anzuwenden.

Nehmen Sie sich den ersten strategischen Schritt vor und versuchen Sie, ein Mißverständnis von einer echten Meinungsverschiedenheit zu unterscheiden. Gehen Sie in die Diskussion hinein, und sagen Sie sich dabei: »Wie sehr sich die Sache auch emotional aufheizen wird, ich werde mich immer wieder fragen: ›*Verschwände das Problem, wenn wir einander besser verstünden?*«« Wenn Sie sich darauf trainiert haben, den ersten strategischen Schritt automatisch in Angriff zu nehmen, können Sie den zweiten hinzufügen, dann den dritten und so fort.

Übrigens, verschwenden Sie während einer Debatte keinen Gedanken auf die »richtige« Reihenfolge der vier strategischen Schritte. Sie können sie in jeder beliebigen Abfolge und so oft wie nötig wiederholen. Sie müssen auch nicht jedesmal, wenn Sie etwas sagen, alle vier strategischen Schritte durchexerzieren. Dafür ist gar nicht genug Zeit. Rufen Sie sich statt dessen die einzelnen Schritte während des Gesprächs immer wieder einmal ins Gedächtnis.

Denken Sie sich jeden strategischen Schritt als Frage

Manche Studenten und Kursteilnehmer finden es hilfreich, alle vier strategischen Schritte zu Fragen umzuformulieren, die sie sich während der Diskussion stellen können.

1. Stellen Sie fest, ob ein Mißverständnis vorliegt oder eine echte Meinungsverschiedenheit. *»Verschwände das Problem, wenn wir einander besser verstünden?«*
2. Planen Sie den nächsten Schritt des anderen voraus. *»Was ist das Äußerste, zu dem ich den anderen im Augenblick bewegen kann?«*
3. Nutzen Sie die Ansichten des anderen, um ihn zu überzeugen. *»Was denkt der andere – und wie kann ich darauf aufbauen?«*

4. Sagen Sie die Reaktion des anderen vorher. *»Wie wird der andere reagieren?«*

Beachten Sie, daß in der dritten Frage (»Was denkt der andere – und wie kann ich darauf aufbauen?«) die unmittelbar an der Oberfläche erkennbaren Gedanken Ihres Gegenübers gemeint sind, nicht seine tiefer verwurzelten Beweggründe und Ansichten. Dies liegt zunächst daran, daß Sie diese unmittelbaren Gedanken viel leichter erahnen können. Wenn Sie gelernt haben, die unmittelbaren Gedanken eines Menschen zu erraten, können Sie auch seine grundlegenderen Auffassungen in Angriff nehmen und sich die tiefschürfendere Frage stellen: *»Wie sehen die Beweggründe und Werte des anderen aus – und auf welche kann ich aufbauen?«*

Ein konkretes Beispiel für strategisches Denken in der Situation selbst

Im folgenden zeige ich Ihnen, wie die Bürgermeisterin einer Großstadt, Evelyn Sanders, mit Hilfe der strategischen Kommunikation eine drohende Konfrontation mit einer Baufirma, James Burns & Associates, vermied. (Die Namen habe ich aus Gründen der Diskretion geändert.) Die Bürgermeisterin hatte die Firma mit dem Betrieb des städtischen Golfplatzes und dem Bau eines Konferenzzentrums in dessen Nähe betraut. Doch dann erschien eines Tages ein sensationell aufgemachter Bericht auf der Titelseite der Zeitung.

Mit städtischen Geldern Reisen auf die Bahamas finanziert

Wie der kommunale Rechnungshof in einem vertraulichen Bericht dargelegt hat, hat die Firma James Burns & Associates, die den städtischen Golfplatz verwaltet, mit 47 000 Dollar aus den Einkünften des Golfplatzes fragwürdige Ausgaben getätigt, etwa nicht begründbare Reisen auf die Bahamas.

Burns & Associates baut außerdem im Auftrag der Stadt ein Konferenzzentrum in der Nähe des Golfplatzes, und wie der Bericht zeigt, hat Burns nicht nur Bautermine überschritten, sondern schuldet der Stadt auch 100 000 Dollar Pachtgelder für den Golfplatz.

Ein Sprecher der Firma erklärte, der Bericht des Rechnungshofes liege ihm nicht vor und er könne daher keinen Kommentar abgeben.

Stunden nach Erscheinen dieses Artikels kündigten mehrere Mitglieder des Stadtrates an, sich dafür einsetzen zu wollen, daß die Verträge mit Burns sowohl für den Golfplatz als auch für das Konferenzzentrum annulliert würden. Der schärfste Kritiker von Bürgermeisterin Sanders' im Rat machte sie für die Bescherung verantwortlich, da sie Burns den Auftrag erteilt habe.

Als die Aufregung auf dem Siedepunkt war, setzte die Bürgermeisterin eine Besprechung mit Burns an, um zu klären, wie die Wogen geglättet werden sollten. Ich beriet sie vor diesem Treffen und ließ mir danach von ihr berichten. In Klammern habe ich notiert, was sie dachte, wenn sie das Wort ergriff, damit Sie verfolgen können, wie sie die strategische Kommunikation während des Gespräches einsetzte.

Sie werden sehen, daß die Bürgermeisterin Mißverständnis und Meinungsverschiedenheit unterscheidet, daß sie Burns' Ansichten ergründet und seine Reaktionen vorhersagt. Vor allem aber entwirft sie einen realistischen Schritt nach dem anderen für die Gegenseite.

Sie geht mit einem klaren Ziel in die Besprechung hinein: sie will, daß Burns 47 000 Dollar auf einem Treuhandkonto hinterlegt und sich einer Buchprüfung durch einen unabhängigen Wirtschaftsprüfer unterzieht. Die Stadt und Burns werden sich die Kosten dafür teilen. Wenn sich dabei herausstellt, daß sich Burns nichts hat zuschulden kommen lassen, bekommt er das Geld zurück. Wenn sich offene Posten zu seinen Lasten finden, bedient sich die Stadt von dem Treuhandkonto.

Bürgermeisterin Sanders glaubt, daß Burns dieser Vereinbarung zustimmen wird, weil sie sicher ist, daß eine solche Absprache der öffentlichen Kritik an beiden Seiten umgehend die Grundlage entziehen wird. Kann denn noch jemand eine Verschwendung öffentlicher Gelder anprangern, wenn der Angeschuldigte den gesamten umstrittenen Betrag zur Verfügung stellt?

Doch zu Beginn der Besprechung zeigt Burns sich wenig geneigt, ihr entgegenzukommen.

BURNS: »Stellen Sie sich etwa darunter eine solide Informationspolitik vor – Lügen in der Zeitung zu verbreiten!? Was soll das? Wollen Sie meinen Ruf ruinieren?«

BÜRGERMEISTERIN [Burns sitzt einem Mißverständnis auf. Er glaubt, ich wollte ihm an den Karren fahren. Ich will, daß er sich bewegt, das heißt allerdings: Ich will, daß er einsieht, daß er unrecht hat. Ich werde ihm also erklären, daß er mich mißversteht]:

»Immer mit der Ruhe, Jim. Ich stehe wegen dieser Geschichte schließlich auch im Kreuzfeuer der Kritik. Ich hätte die Information nicht rausgelassen. Die Quelle war nicht ich.«

BURNS: »Na gut ... tut mir leid. Ich weiß, daß Sie auch in der Schußlinie stehen. Der Rechnungshof hat einfach keine Ahnung, was es bedeutet, einen Golfplatz zu betreiben. Wir müssen uns zusammensetzen und über alles reden. Sie werden sehen, daß wir die 47 000 Dollar nicht zum Fenster hinausgeworfen haben.«

BÜRGERMEISTERIN *[Burns glaubt, er könne das Problem wegerklären. Welchen Schritt soll er als nächsten tun? Ich will, daß er einsieht, daß er dieses Problem nicht dadurch aus der Welt schaffen kann, daß er es lang und breit erklärt.]:*
»Ich räume ein, daß der Rechnungshof die Sache vielleicht nicht ganz versteht, aber, Burns, unser jetziges Problem ist *mehr* als ein Mißverständnis. Sie können es nicht durch Erklären lösen, weil Sie keine Zeit haben, noch etwas zu erklären. Der Stadtrat ist drauf und dran, heute abend die Verträge mit Ihnen zu kündigen. *Heute abend!* Das unmittelbar vor uns liegende Problem besteht darin, daß wir das Vertrauen des Rates in Sie wiederherstellen müssen, nicht wahr?«

BURNS: »Nein, nein, nein. Wir brauchen Zeit, um dieses Problem mit den 47 000 Dollar gründlich durchzusprechen. Wir sollten den Rat bitten, die Diskussion über meinen Pachtvertrag zurückzustellen, bis Sie und ich das mit den 47 000 Dollar geklärt haben.«

BÜRGERMEISTERIN *[Er will, daß ich ihm Zeit gebe, über alles zu reden, und das kann ich nicht. Das liegt jenseits meiner unmittelbaren Grenze. Der nächste Schritt, den er tun soll, besteht darin, diese Tatsache zu erkennen.]:*
»Es ist ausgeschlossen, daß Ihnen die Stadträte mehr Zeit

zubilligen. Das tun sie keinesfalls. Unmöglich. Sie sind alle dermaßen aufgebracht wegen dieses Zeitungsartikels, daß sie noch heute abend etwas unternehmen wollen.«

BURNS: »Aber der Rechnungshof irrt sich. Und wir hätten gern die Chance, das zu beweisen. Wir würden einen unabhängigen Gutachter bezahlen, der dem 47 000-Dollar-Problem nachgehen soll. Wenn dieser Gutachter Schulden unsererseits feststellt, werden wir sie zahlen. Doch die Termine für den Bau des Konferenzzentrums, die die Stadt gesetzt hat, sind unrealistisch. Wir müssen einen realistischen Zeitplan mit Ihnen erstellen. Wir brauchen mehr Zeit für den Bau dieses Zentrums.«

BÜRGERMEISTERIN *[Er bietet also von sich aus an, aus eigener Tasche einen unabhängigen Gutachter zu bezahlen! Ich hatte nicht mal vor, diesen Vorschlag zu machen. Wenn er zu einem so frühen Zeitpunkt unseres Gesprächs zu einem derart großen Schritt bereit ist, dann kann ich ihn vielleicht zu noch einem weiteren Schritt bewegen, nämlich zu der Idee mit dem Treuhandkonto. Um ihn dazu zu bringen, werde ich auf seine Ansicht bauen, daß er mehr Zeit brauche, um seinen Standpunkt darzulegen]:*

»Sie brauchen also eine Gelegenheit, Ihren Standpunkt klarzulegen, und vor der Ratsversammlung heute abend ist keine Zeit mehr dafür. Aber ich habe eine Idee, die den Rat dazu bringen wird, die Verträge mit Ihnen heute abend nicht zu kündigen und Ihnen damit die Chance zu geben, sich zu erklären. Wie wäre es, wenn Sie 47 000 Dollar auf einem Treuhandkonto hinterlegen, bis das Ergebnis der unabhängigen Prüfung vorliegt? Damit ist nicht gesagt, daß wir Ihnen etwas zur Last legen, aber Ihre Zahlung wird das Vertrauen des Stadtrates in Sie wiederherstellen. Dann wird er Ihnen die Gelegenheit zu einer Stellungnahme geben.«

BURNS: »47000 Dollar sind aber so schnell nicht leicht auf-
zubringen.«

BÜRGERMEISTERIN *[Nein, in der Tat nicht. Aber wie kann ich
Burns von der Maßnahme überzeugen? Indem ich mich auf eine
seiner vorrangigen Ansichten stütze – daß er es sich nicht erlauben
kann, die Verträge mit der Stadt zu verlieren]:*
»47000 Dollar sind Peanuts im Vergleich zu den zwei Millionen, die Sie verlieren, wenn der Rat die Verträge für den
Golfplatz und das Konferenzzentrum kündigt.«

BURNS: »Mein Gott, Ihr treibt mich in den Bankrott! Das
können Sie nicht mit mir machen!«

BÜRGERMEISTERIN *[Oho, er glaubt, ich drohe ihm: Er kocht,
und wir stehen kurz vor einem Streit. Welchen Schritt soll er tun?
Ich will, daß er auf meinen Vorschlag eingeht. Ich muß ihm also
klarmachen, daß ich ihn nicht angreife. Insgeheim weiß er, daß ich
das Problem genauso dringend lösen möchte wie er. Ich werde auf
diese Überzeugungen bauen]:*
»Jim, ich stehe auf Ihrer Seite. Ich will Sie nicht niederma-
chen. Ich bemühe mich hier, mit Ihnen gemeinsam einen
Weg aus dieser mißlichen Situation zu finden.«

BURNS: »Wenn Sie uns das Konferenzzentrumsprojekt
wegnehmen, brauchen Sie mindestens ein Jahr, bis Sie
einen anderen Vertragspartner gefunden haben. Und in
diesem Jahr können Sie kein Konferenzzentrum vermieten. Ihren eigenen Schätzungen zufolge verlieren Sie dann
... schauen wir mal – *drei Millionen* an Mieteinnahmen! Sie
verlieren also noch mehr als wir!«

BÜRGERMEISTERIN »Ja, aber das sind Mieteinnahmen,
keine – *[Achtung, ich lasse mich aufs Glatteis führen! Wenn ich
auf die Frage eingehe, wer mehr zu verlieren hat, wird er anfangen, mit mir zu streiten. Es hat keinen Sinn, darüber zu streiten,
wer mehr zu verlieren hat. Ich will, daß er sich wieder darauf kon-*

zentriert, wie er es vermeiden kann, überhaupt etwas zu verlieren. Ich will, daß er den Schritt tut, die 47000 Dollar auf einem Treuhandkonto zu hinterlegen] ... äh, das stimmt. Sie haben recht. Ich möchte meine drei Millionen gern retten, und ich weiß, daß Sie Ihre zwei Millionen auch gern retten möchten. Deshalb müssen wir jetzt klären, wie. Schauen wir uns doch mal die Größenverhältnisse an: 47000 Dollar sind etwa zwei Prozent von zwei Millionen ... nicht wahr? Wenn Sie diese 47000 Dollar treuhänderisch hinterlegen, retten Sie den Deal für uns beide.«

BURNS: »Seien Sie doch mal vernünftig. 47000 Dollar sind verdammt viel Geld. Wir sitzen im gleichen Boot, deshalb müssen Sie Klartext mit mir reden. Wieviel Geld muß ich denn für Sie hinterlegen, damit der Stadtrat mir nicht mehr im Nacken sitzt?«

BÜRGERMEISTERIN *[Er versucht, mich dazu zu bringen, meine äußerste Grenze preiszugeben. Ich wäre ja bereit, die Hälfte des Betrages für das Treuhandkonto zu übernehmen, aber das sage ich ihm nicht. Nicht solange die Chance besteht, daß er den Betrag allein aufbringt. Ich will die vollen 47000 Dollar. Dann weiß ich sicher, daß das Problem aus der Welt geschafft und die Presse mir vom Hals bleiben wird. Deshalb versuche ich, seiner Frage nach meiner äußersten Grenze auszuweichen. Ich lenke ihn auf einen Nebenschauplatz ab]:*
»Wissen Sie, woran der Stadtrat unter anderem zweifelt, ist Ihre Fachkompetenz. Das ist der erste Golfplatz, den Sie verwalten. Die Stadträte glauben, Sie müßten vielleicht Berater in Anspruch nehmen.«

BURNS: »Wie können die es wagen, meine Kompetenz in Frage zu stellen! Was verstehen denn die von Golfplätzen! Sagen Sie ihnen, sie sollen sich um ihre eigenen Angelegenheiten kümmern!«

BÜRGERMEISTERIN: »Das *sind* ihre eigenen Angelegenheiten, denn ... *[Ich lasse mich schon wieder aufs Glatteis führen. Er reagiert, indem er anfängt, mit mir zu streiten. Ich darf mein Ziel nicht aus den Augen verlieren. Ich will, daß er mit dem Treuhandkonto einverstanden ist. Er glaubt, daß der Stadtrat seine Integrität anzweifelt. Auf dieser Meinung werde ich aufbauen]* Okay, ich glaube, wir können Ihnen den Stadtrat vom Hals schaffen. Er zweifelt an Ihnen. Man muß ihm also Sicherheit vermitteln. Wenn Sie das Geld hinterlegen, dann hat er diese Sicherheit. Damit nehmen Sie auch Ihrem schärfsten Kritiker den Wind aus den Segeln. Es kann sich doch niemand mehr über Sie aufregen, wenn Sie das gesamte fragliche Geld zur Verfügung stellen!«

BURNS: »Ja, das sehe ich ein. Ich glaube, Sie haben recht.«

BÜRGERMEISTERIN *[Das ist ein entscheidendes kommunikatives Signal. Er bestätigt, daß er sich meiner Analyse anschließt. Ich habe ihn überzeugt, daß er einen nennenswerten Betrag aufbringen muß. Dies ist ein strategischer Moment. Da er meiner Analyse zustimmt, werde ich wahrscheinlich die vollen 47 000 Dollar kriegen]:* (Bürgermeisterin Sanders schweigt.)

BURNS: »Ich meine, ich verstehe Ihre Argumentation, aber ... 47 000 Dollar sind kein Pappenstiel. Wir könnten 30 000 oder sogar 35 000 Dollar aufbringen. Ist das für Sie ein annehmbares Angebot?«

BÜRGERMEISTERIN *[Prima! Er hat vergessen, mich an meine äußerste Grenze zu treiben. Er macht mir ein Angebot – und noch währenddessen stockt er es von 30 000 auf 35 000 Dollar auf. Das ist ein eindeutiges kommunikatives Signal, daß er sein eigenes Angebot nicht besonders ernst nimmt.*

Ich werde mal versuchen, ihn bis zu den ganzen 47 000 Dollar

hochzuhandeln. Ich stütze mich dabei auf seine vorrangige An-
sicht, daß er seinen Ruf wiederherstellen muß]:
»Nein, ich glaube nicht, daß 35 000 Dollar annehmbar
wären. Der Rechnungshof wirft Ihnen vor, 47 000 Dollar
beiseite geschafft zu haben. Wenn Sie weniger anbieten,
könnte der Rat den Verdacht hegen, daß Sie der Stadt gegenüber nicht hundertprozentig ehrlich sind. Wir wollen
doch nicht, daß er an Ihnen zweifelt. Noch heute den vollen Betrag auf ein Treuhandkonto zu hinterlegen ist das
Bestmögliche, was Sie tun können, um Ihre Reputation in
den Augen des Rates und der breiten Öffentlichkeit umgehend wiederherzustellen.«

BURNS: »Nun, es fällt uns schwer, Geld wegen etwas auf-
zubringen, weswegen uns kein Vorwurf trifft. Das kommt
doch einem Schuldeingeständnis gleich. Wenn wir 47 000
Dollar hinterlegen, und das Gutachten ergibt, daß wir uns
nichts haben zuschulden kommen lassen, sollten die 47 000
Dollar auf die 100 000 Dollar Pachtgelder, die wir zu zahlen haben, angerechnet werden.«

BÜRGERMEISTERIN *[Erstaunlich, Burns bringt einen guten*
Einwand gegen die Treuhandvereinbarung – daß sie ein Schuld-
eingeständnis wäre – und entkräftet ihn dann selbst mit einer Lö-
sung dafür! Und die Lösung besteht in einer weiteren Konzession
– die 47 000 Dollar auf die Pachtschuld anzurechnen! Dieses zu-
sätzliche Zugeständnis habe ich nicht mal verlangt. Ich habe von
Burns mehr bekommen, als ich wollte. Ich werde ihn nicht weiter
unter Druck setzen; ich bringe ihn nur noch dazu, alles zu bestä-
tigen]:
»Wir sind uns also einig. Sie zahlen 47 000 Dollar auf
Treu und Glauben, damit wir mit dem Konferenzzentrum weitermachen können. Und wenn die Buchprüfung
Sie von jedem Verdacht freispricht, werden die 47 000 auf

die Pachtschuld von 100 000 Dollar angerechnet. Richtig?«

BURNS: »Das ist richtig. Wir wollen das Vertrauen des Rates in uns wiederherstellen. Und wir wollen ihn überzeugen, daß er uns mehr Zeit für den Bau des Konferenzzentrums einräumen muß.«

BÜRGERMEISTERIN *[Wenn Burns »mehr Zeit« will, hätte er konkrete Änderungen am Zeitplan für den Bau vorschlagen sollen. Und er hätte seine 47 000-Dollar-Zahlung von diesen Änderungen abhängig machen sollen. Jetzt, wo er sie zugesagt hat, kann ich es mir leisten, das Zeitplanproblem zu ignorieren]:* »Wenn Sie dem Stadtrat erklären, daß Sie 47 000 Dollar auf ein Treuhandkonto hinterlegt haben, kann ich ihn sicherlich davon überzeugen, mit dem Konferenzzentrum zu verfahren wie geplant.«

Diese Mitschrift könnte den Eindruck erwecken, daß die Bürgermeisterin quälend langsam gedacht hätte. Sie überlegte aber ganz im Gegenteil nur Sekundenbruchteile lang, bevor sie etwas sagte. Sie hatte so viel Erfahrung mit strategischer Kommunikation, daß sie ihr in Fleisch und Blut übergegangen war. So vermochte sie nicht nur Burns' Fehler zu erkennen, sondern auch ihre eigenen – und das schnell genug, um ihnen gegenzusteuern.

Auch Sie werden Fehler machen. Das wichtigste ist dann, sich ihrer noch im selben Augenblick bewußt zu werden, damit Sie Ihr Vorgehen korrigieren können, solange Sie noch die Chance dazu haben. Die strategische Kommunikation ist der Kompaß, der Ihnen zeigt, wenn Sie vom Kurs abweichen, und der Sie wieder auf Kurs bringt.

Strategisches Denken wird zum Automatismus

Je öfter Sie die vier strategischen Schritte anwenden, desto mehr werden sie Ihnen zur zweiten Natur. Gegen Ende des Semesters fällt meinen Studenten auf, daß sie die Schritte in einem Konflikt immer wieder automatisch abspulen. Das heißt nicht, daß die Lösung jedweden Problems nun ein Klacks sei. Doch dieses Buch hat Ihnen zumindest einen Lösungsansatz an die Hand gegeben.

Die strategische Kommunikation strukturiert den komplizierten Entscheidungsprozeß Ihres nächsten Schrittes vor. Wenn Sie nicht wissen, was Sie als nächstes tun sollen, dann können Sie sich auf die vier strategischen Schritte stützen. (Natürlich können Sie von vornherein strategische Kommunikation anwenden, um Schwierigkeiten zu vermeiden.) Mit strategischer Kommunikation können Sie ein Problem in überschaubare Teile zerlegen und müssen sich so nicht mehr überfordert fühlen. Mit Hilfe der vier strategischen Schritte können Sie sich so gründlich vorbereiten, daß Sie mit Selbstvertrauen in eine Besprechung hineingehen. Die Schritte helfen Ihnen, Ihre Ziele auch unter Druck nicht aus den Augen zu verlieren.

Sie bewahren Sie vor zahllosen Gesprächen, in denen Reden alles nur schlimmer macht.

Kernpunkte in: Strategisch denken
in der Situation selbst

1. Wenden Sie die strategische Kommunikation anfangs auf ein risikoarmes Problem an. Je besser Sie mit den vier strategischen Schritten vertraut sind, desto schwieriger können die Probleme werden, auf die Sie sie anwenden.

2. Entwerfen Sie Ihre Strategie, wenn Sie nicht unter Druck stehen. Versuchen Sie nicht schon anfangs, Ihren nächsten Schritt im Eifer des Gefechts zu entwickeln, wenn Sie Ihrem Verhandlungspartner direkt gegenübersitzen. Planen Sie vor der Begegnung.

3. Machen Sie nach dem Gespräch eine Manöverkritik, um Ihre Fähigkeiten in strategischer Kommunikation zu verbessern. Lassen Sie das Gespräch im Geiste Revue passieren, damit Sie sehen, ob Sie die vier strategischen Schritte erfolgreich angewandt haben oder nicht.

4. Beobachten Sie die Interaktionen anderer, um Ihre taktischen Fähigkeiten weiter zu verfeinern. Beobachten Sie, ob die Beteiligten einen der strategischen Schritte umsetzen oder nicht und welche Wendung das Gespräch daraufhin nimmt.

5. Konzentrieren Sie sich zu Beginn auf den ersten strategischen Schritt. Wenn Sie die strategische Kommunikation zum ersten Mal in der Situation selbst einsetzen, sollten Sie nicht versuchen, alle strategischen Schritte auf einmal anzuwenden. Setzen Sie immer nur einen Schritt auf einmal um.

6. Formulieren Sie jeden strategischen Schritt als Frage, die Sie sich selbst stellen können, wenn Sie mitten in einer Auseinandersetzung stecken:

- Stellen Sie fest, ob ein Mißverständnis oder eine echte Meinungsverschiedenheit vorliegt. *»Verschwände das Problem, wenn wir einander besser verstünden?«*
- Planen Sie den nächsten Schritt des anderen voraus. *»Was ist das Äußerste, zu dem ich den anderen im Augenblick bewegen kann?«*
- Nutzen Sie die Ansichten und Meinungen des anderen, um ihn zu überzeugen. *»Was denkt der andere – und wie kann ich darauf aufbauen?«*
- Sagen Sie die Reaktion des anderen vorher. *»Wie wird er reagieren?«*

Die Kernpunkte in Kürze

Die vier Schritte der strategischen Kommunikation

1. Stellen Sie fest, ob ein Mißverständnis oder eine echte Meinungsverschiedenheit vorliegt.
   »Verschwände das Problem, wenn wir einander besser verstünden?«
2. Planen Sie den nächsten Schritt des anderen voraus.
   »Was ist das Äußerste, zu dem ich den anderen im Augenblick bewegen kann?«
3. Nutzen Sie die Ansichten des anderen, um ihn zu überzeugen.
   »Was denkt der andere – und wie kann ich darauf aufbauen?«
4. Sagen Sie die Reaktion des anderen vorher.
   »Wie wird der andere reagieren?«

Glossar

Äußerste Grenze ...
Das Höchstmaß dessen, was der andere *letztendlich* zu tun willens und imstande ist, um Sie zufriedenzustellen.

Echte Meinungsverschiedenheit ...
Eine Differenz, die auch dann andauert, wenn man einander ganz genau versteht.

»Ehrliche-Haut«-Mentalität ...
Die Einstellung, daß jeder Mensch offen sagen sollte, was er will. Wenn Sie ein Angebot machen, nimmt eine Person mit »Ehrliche-Haut«-Mentalität an, daß Sie es ernst meinen, selbst wenn es Ihr erstes Angebot ist.

Gummibandeffekt ...
Die Neigung von Menschen (wie die von Gummibändern) oft bis zu ihrer Ausgangsposition zurückzuschnellen, wenn sie den Eindruck haben, daß sie über Gebühr strapaziert wurden.

Händlermentalität ...
Die Ansicht, daß ein erstes Angebot einen Wunsch oder eine Hoffnung darstellt und niemals ernst genommen werden sollte. Die Händlermentalität folgt dem Prinzip: »Handle das erste Angebot immer herunter.«

Ich-bin-der-Nabel-der-Welt-Syndrom ...
Das Syndrom, mit dem Menschen auf Streß durch emotionale Belastung reagieren: Sie denken nur noch von sich selbst her und stellen sich in keiner Weise auf ihr Gegenüber ein.

Kommunikative Signale ...

Signale, mit denen Menschen offen oder versteckt mitteilen, was sie für Sie zu tun bereit sind und wann Sie an ihre unmittelbare Grenze stoßen.

Mächtiger Mythos der Heimlichen Harmonie ...

Eine tiefverwurzelte Überzeugung, auf die viele bauen: *Ganz tief drinnen sind wir uns alle einig. Wir müssen einander nur besser verstehen.* Die Annahme dahinter lautet: *Es gibt keine Konflikte, nur mangelndes Verständnis.*

Methode »Wir können doch drüber reden« ...

Ein verbreitetes Vorgehen, um mit einer Meinungsverschiedenheit umzugehen: Jeder Beteiligte geht von der Annahme aus, daß er recht hat; dann vertritt er seinen Standpunkt, wild entschlossen, sich durchzusetzen, und fest davon überzeugt, daß er die andere Seite zum Nachgeben zwingen kann.

Mißverständnis ...

Sie verstehen nicht genau, was die andere Person will, und umgekehrt.

Mythos der Wunderwirkenden Besprechung ...

Die Überzeugung, wonach sich dank der Zauberkraft von Verständnis große und kleine Kontroversen aus der Welt schaffen lassen, wenn man alle Beteiligten zu einer Besprechung zusammenruft.

Redefalle ...

Ein Tanz zum toten Punkt, bei der Sie im Kreis herum reden, bis der frustrierende Schlagabtausch im Zusammenbruch der Kommunikation eskaliert:

1. Ich stelle eine Forderung, Sie stellen eine Forderung.
2. Ich erkläre meinen Standpunkt, Sie erklären den Ihren.
3. Ich verkünde, daß ich jetzt erst recht auf meiner Position beharre, Sie tun dasselbe.

4. Ich rede nicht mehr mit Ihnen, Sie reden nicht mehr mit mir.

Reserveschritt ...

Ein Schritt, den Sie dem anderen vorschlagen können, wenn er nicht tut, was Sie *eigentlich* möchten. Ein Reserveschritt ist ein kleinerer, leichterer und weniger riskanter Schritt: Er verlangt weniger Veränderung.

Spiel »Faß ohne Boden«

Ein Tanz zum toten Punkt, in dem Sie in dem nutzlosen Bemühen, die Gegenseite zufriedenzustellen, ständig neue Konzessionen machen:

1. Sie machen Zugeständnisse, ohne Gegenleistungen dafür zu bekommen.
2. Die andere Seite nimmt Ihre Konzessionen zur Kenntnis und entscheidet, ob Sie genug gegeben haben. Dann verlangt sie mehr, was kaum überrascht.
3. Sie geben mehr, um die Gegenseite zu beschwichtigen.
4. Diese fordert mehr, weil das Spiel ihr andauernd etwas einbringt.

Strategie ...

Ein Verfahren, das Ihnen hilft, Ihr Ziel zu erreichen.

Strategische Kommunikation ...

Eine Methode, mittels derer Sie eine Strategie zur Beseitigung einer Meinungsverschiedenheit entwickeln können. Da es keinen Zauberspruch zur Lösung aller Probleme gibt, stellt Ihnen die strategische Kommunikation vier Schritte vor, die Sie dazu benutzen können, eine Strategie *für Ihre spezielle Situation zu entwickeln*. Die Methode soll Sie um verbreitete Fallen herumleiten, in denen einfaches Reden nichts zur Lösung von Konflikten beiträgt.

Tanz zum toten Punkt ...

Ein kontraproduktives Muster, das folgendermaßen abläuft: Sie sagen etwas, die andere Seite erwidert etwas, plötzlich stecken Sie in einer Sackgasse, und keiner weiß, was schiefgelaufen ist. Diese *Tänze zum toten Punkt* sind immer vorhersagbar.

Testen durch Druck …

Die direkteste Methode, um die unmittelbare Grenze Ihres Gegenübers zu ermitteln. Sie machen einen Vorschlag oder beziehen Stellung und warten ab, ob der andere sich bewegt. Wenn er sich strikt weigert, wissen Sie, daß Sie an seine unmittelbare Grenze gestoßen sind.

Unmittelbare Grenze …

Das Höchstmaß dessen, was der andere *im Augenblick* für Sie zu tun willens und imstande ist.

Vorrangige Ansicht …

Eine Überzeugung des anderen, die für ihn mehr Gewicht hat als die für Sie nachteilige Ansicht, gegen die Sie vorgehen wollen. Wenn Sie sich auf diese vorrangige Ansicht stützen, kann es gelingen, den anderen zu überzeugen.

Walzer zum Waffengang …

Ein eingefahrenes Kommunikationsritual, durch das Sie die andere Person, absichtlich oder unabsichtlich, zur Gegnerschaft drängen – was Ihnen den perfekten Vorwand gibt, sie anzugreifen.

1. Sie fragen Ihren Gegner: »Geben Sie nach?«
2. Bedauerlicherweise weigert er sich.
3. Sie behaupten, er sei stur – und gehen zum Angriff über.

»Wie-du-mir-so-ich-dir …

Sie gehen so mit dem anderen um, wie dieser mit Ihnen umgeht. Wenn er nett zu Ihnen ist, sind Sie nett zu ihm. Wenn er die harte Tour fährt, fahren auch Sie die harte Tour.

»win-win«-Philosophie ...

Das Credo, daß Sie dem anderen helfen sollten, sein Ziel zu erreichen, damit er sich revanchiert und Ihnen hilft, Ihr Ziel zu erreichen. Mit anderen Worten, Sie sollen sich wechselseitig zu einem Gewinn verhelfen.

Dank

Wie kann man Probleme lösen, wenn Reden alles nur schlimmer macht? Über die Jahre hinweg haben viele Menschen dazu beigetragen, diese Frage zu beantworten und die in diesem Buch vorgestellte Methode zur Problemlösung zu verfeinern. Mein besonderer Dank gilt meinen Kollegen an der Universität von Kalifornien Mike Stafford und Don Ray. Mikes Kameradschaft und Debattierlust verlieh vielen Gedankengängen und Beispielen in diesem Buch mehr Klarheit. Er hörte sich meine Vorlesungen an, und seine Kritik traf stets ins Schwarze. Dons Talent, mich immer dabei zu ertappen, wenn ich mich nicht klar ausdrückte, was üblicherweise bedeutete, daß ich nicht klar dachte, unterstützte und ermutigte mich, den Gedanken herauszudestillieren, dessen Formulierung mir Schwierigkeiten bereitete.

Marilyn Sandifur studierte den Textentwurf mit aller Sorgfalt und half mir Wort für Wort, ihn auszuarbeiten. Dorothy Wall leitete mich fachkundig an, um den kommerziellen Erfolg des Buches sicherzustellen. Susan Page half mir, zahlreiche Klippen des Verlagsgeschäftes zu umschiffen. Sie empfahl mir Dorothy und auch Patti Breitman, die meine Agentin wurde. Patti goß ihr Herzblut in dieses Projekt. Dankbar bin ich auch Linda Webster und Allan Stark von Andrews and McMeel, weil sie an dieses Buch geglaubt haben und niemals zu beschäftigt waren, um mich zu unterstützen.

Alice und Rich Stiebel, Joe Macaluso, Fay Bauling, Hal Anjo, Joanna Robinson, Carew Papritz, Judith Robinson, Suzanne Hirsch, Jay Ginsberg und Howard Smith lasen verschiedene Textfassungen und machten äußerst hilfreiche Anmerkungen. Alice ist eine erstklassige Ratgeberin für Englisch; sie beriet mich in linguistischen Fragen. Sie, Johanna und Rich lasen das Manuskript gegen.

Ich hatte das Glück, mit Claudia Marshall, deren Arbeiten ich schon lange bewundere, als Lektorin zusammenzuarbeiten. Ihr Wissen verbesserte die Dialoge, den Aufbau, die Kapitelüberschriften – kurzum *alles*.

Für juristischen Beistand danke ich Mike Antonello, Nena Wong, Susan Schiff, Sally Talarico, Kevin Donovan, Allan Blau, Pam Friedman, Fran Toohey und Carol Williams sowie der Authors Guild, der beizutreten ich jedem Autor empfehle (Sitz der Guild ist New York).

Der größte Dank aber gebührt meiner klugen Frau Naomi, und das nicht nur, weil sie einen reichen Anekdotenfundus beisteuerte. Geduldig und penibel las sie Entwürfe durch, obwohl sie wußte, daß ihre kritischen Bemerkungen noch einen weiteren Entwurf zur Folge haben würden, den sie ebenfalls zur Durchsicht bekam. Das ist Liebe.

Meine Muse ist Fay Bauling. Zudem ist ihr Motto »Blicke der Realität ins Gesicht!« in dieses Buch eingeflossen; es steht hinter dem Rat, eine Situation realistisch, nicht optimistisch zu beurteilen.

Mein Vater Rich mit seinem Talent, geduldig die eigentliche Wurzel eines Problems herauszupräparieren, statt sich an oberflächlichen Symptomen festzubeißen, ist mir ein großes Vorbild. Meine Mutter Alice weckte in mir die Liebe zum kritischen Denken, zur Sprache und zur Psychologie. Ich teile diese und viele weitere Interessen mit meinem Bruder Jonathan.

Dieses Buch widme ich Naomi, Fay, Rich, Alice und Jonathan.

Harriet Rubin
Machiavelli für Frauen
Strategie und Taktik im Kampf der Geschlechter

208 Seiten. Gebunden
ISBN 3-8105-1618-X

Harriet Rubins Buch, das sofort nach Erscheinen die Best-
sellerlisten stürmte, wendet sich an alle Frauen, die sich
nicht länger von Vorgesetzten, Liebhabern, Eltern oder
wem auch immer vom Erreichen ihrer eigenen Wünsche
und Ziele abhalten lassen wollen.
Die Autorin überträgt Machiavellis »Ratschläge an einen
Fürsten« auf die heutige Lebenssituation von Frauen und
entwickelt daraus eine kühne Strategie, die die Taktiken
der Liebe mit denen des Krieges vereint. Ihre Erfolgsstra-
tegien, die so unterschiedliche Leserinnen wie die Kaba-
rettistin und Entertainerin Lisa Fitz, die Bischöfin Maria
Jepsen oder die Frankfurter Oberbürgermeisterin Petra
Roth begeistert haben, lassen keine Leserin kalt.
»Es tut wahnsinnig gut, dieses Buch zu lesen, es ist wunderbar.« *Hannelore Elsner*

Wolfgang Krüger Verlag

Eva Wlodarek
Jetzt geh ich's an
Wege aus der Einsamkeit

256 Seiten. Klappenbroschur
ISBN 3-8105-2335-6

Einsamkeit ist das dominierende Gefühl unserer Zeit. Sie betrifft sämtliche Altersstufen und kann jeden treffen: ob als Grundgefühl oder ausgelöst durch äußere Umstände wie Umzug, Scheidung oder Tod eines nahestehenden Menschen. Einsam kann sein, wer den richtigen Partner noch nicht gefunden hat, wer in einer frustrierenden Beziehung lebt oder selbst im Freundeskreis nicht wagt, sich so zu zeigen, wie er ist.

Wie auch immer: Wer einsam ist, sehnt sich danach, diesen Zustand zu beenden, steht sich dabei jedoch oft selbst im Weg. Erfahrungen, die bis in die Kindheit reichen, hindern ebenso wie die aktuelle Angst, zurückgewiesen oder verletzt zu werden. Und häufig fehlt das praktische Knowhow, um Kontakt zu knüpfen.

Eva Wlodarek geht davon aus, daß Einsamkeit kein Schicksal ist und daß es jeder selbst in der Hand hat, sie zu beenden. Sie zeigt, wie man die Ursachen erkennt und behebt, den eigenen Anteil entdeckt und neues Verhalten erlernt. Durch Selbsterkenntnis, konkrete Ziele und aktives Handeln läßt sich jede Art von Einsamkeit überwinden.

Wolfgang Krüger Verlag

Gavin de Becker

Mut zur Angst

Wie Intuition uns vor Gewalt schützt

448 Seiten. Gebunden
ISBN 3-8105-0222-7

Die Orte der Gewalt sind zahlreich und vielfältig: in der U-Bahn, auf dem Schulhof, zu Hause, am Arbeitsplatz. Wir alle kennen Stituationen, die uns beunruhigen. Wir hören im Dunkeln auf der Straße Schritte hinter uns, ein Fremder drängt uns seine Hilfe auf, jemand bittet uns um Wechselgeld. Wem können wir vertrauen? Woran erkennen wir, ob unsere Befürchtungen übertrieben oder berechtigt sind?

Viele Menschen haben verlernt, auf ihre innere Stimme zu hören. Einerseits machen sie sich unnötig viele Sorgen, andererseits verkennen sie im Ernstfall die echten Warnsignale. Der Sicherheitsexperte Gavin de Becker weist nach, daß ernst genommene Angst eine lebensrettende Gabe ist. In einer Welt jedoch, in der Logik vergöttert wird, ist die Intuition zusehends verdrängt worden. Wer nicht auf sein Gefühl hört, läßt sich leichter zum Opfer machen und wird somit ungewollt zum Verbündeten des Täters. Dieses Buch zeigt, wie wir die eigene Intuition nutzen können, um ein sicheres Leben zu führen. Gavin de Beckers Einsichten in das menschliche Verhalten sind einzigartig und haben nicht nur in Amerika für Aufsehen gesorgt.

Wolfgang Krüger Verlag